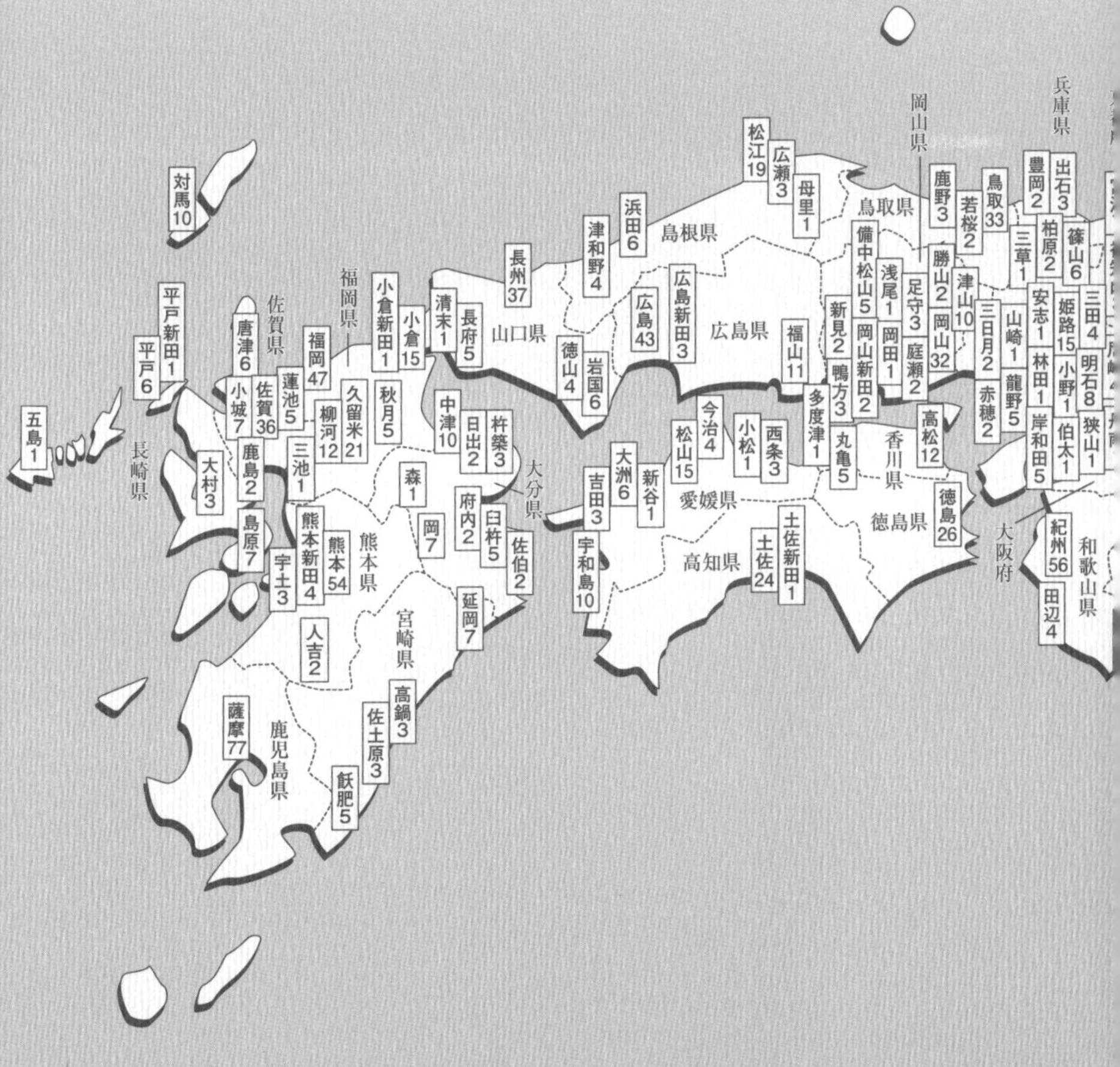

対馬10
五島1
平戸6
平戸新田1
長崎県
唐津6
佐賀県
小城7
佐賀36
蓮池5
鹿島2
大村3
島原7
福岡県
福岡47
柳河12
久留米21
三池1
小倉新田1
小倉15
秋月5
清末1
長府5
長州37
山口県
徳山4
岩国6
津和野4
浜田6
島根県
松江19
広瀬3
母里1
広島43
広島新田3
広島県
福山11
中津10
日出2
杵築3
森1
大分県
府内2
臼杵5
佐伯2
岡7
熊本新田4
熊本54
熊本県
宇土3
人吉2
延岡7
宮崎県
高鍋3
佐土原3
飫肥5
薩摩77
鹿児島県
吉田3
宇和島10
大洲6
新谷1
松山15
今治4
小松1
西条3
愛媛県
高知県
土佐24
土佐新田1
多度津1
丸亀5
香川県
高松12
徳島県
徳島26
鳥取県
岡山県
鹿野3
若桜2
鳥取33
新見2
備中松山5
浅尾1
足守3
勝山2
津山10
岡山新田2
岡田1
鴨方3
庭瀬2
岡山32
兵庫県
豊岡2
出石3
三草1
柏原2
篠山6
三日月2
山崎1
安志1
姫路15
三田4
林田1
明石8
赤穂2
龍野5
小野1
岸和田5
伯太1
狭山1
大阪府
紀州56
田辺4
和歌山県

シリーズ藩物語

加古一朗 著

備中松山藩

現代書館

プロローグ

備中松山藩物語

岡山県西部、かつて備中国《びっちゅうのくに》と呼ばれた地域の中心に、備中松山《びっちゅうまつやま》藩は存在した。

慶長五年（一六〇〇）、関ヶ原の合戦直後には、備中国奉行小堀氏が備中松山城主として備中国の「国務」を司った。これは領地経営を行った訳ではなく、後にこの地を治める大名配置のための検地、特産物の把握、城下の整備など、国づくりの基礎を担うものだった。

備中松山藩の立藩は、元和三年（一六一七）、因幡鳥取から六万五千石で池田長幸《ながよし》が入封したことに始まる。

池田氏は早速、家臣団に見合った武家町の建設を始めた。武家町はおおむねこの時代に完成したと考えてよい。商家町も、小堀氏時代よりも拡張され、商工業も盛んになった。また領国経営の内では、備中国を南北に貫流する高梁川《たかはしがわ》河口右岸の長尾に早くも新田開発を行ったことが注目される。池田氏は二代で無嗣断絶となった。

この後、寛永十九年（一六四二）、水谷勝隆《みずのやかつたか》が常陸下館から備中成羽《なりわ》を経て備中松山藩主になると、さらに領内の開発が進み、水谷

藩という公国

江戸時代、日本には千に近い独立公国があった

江戸時代。徳川将軍家の下に、全国に三百諸侯《しょこう》★の大名家があった。ほかに寺領や社領、知行所《ちぎょうしょ》★をもつ旗本領《はたもとりょう》などを加えると数え切れないほどの独立公国があった。そのうち諸侯を何々家《け》家中《かちゅう》と称していた。家中は主君を中心に家臣が忠誠を誓い、強い連帯感で結びついていた。家臣の下には足軽《あしがる》層《そう》★がおり、全体の軍事力の維持と領民の統制をしていたのである。その家中を藩と後世の史家は呼んだ。

江戸時代に何々藩と公称することはまれで、明治以降の使用が多い。それは近代からみた江戸時代の大名の領域や支配機構を総称する歴史用語として使われた。その独立公国たる藩には、それぞれ個性的な藩風《はんぷう》と自立した政治・経済・文化があった。幕藩体制とは歴史学者伊東多三郎《いとうたさぶろう》★氏の視点だが、まさに将軍家の諸侯の統制と各藩の地方分権が巧く組み合わされていた、連邦でもない奇妙な封建的国家体制であった。

今日に生き続ける藩意識

明治維新から百五十年以上経っているのに、今

三代の期間で、備中松山城（山城）、同御根小屋《おねごや》（藩庁）、城下町がそれぞれ完成し、池田氏以来の新田開発も一〇〇〇町歩におよび、領国の繁栄をもたらした。

このため、五十年余り藩主であった水谷氏の断絶後、幕府主導の検地が行われ、領地再編が行われた。次の安藤氏以後、表高は池田氏、水谷氏と同等の大名がこの地を治めたが、領地面積は極端に減り、自助努力での領国繁栄が困難になった。

安藤氏、石川氏、板倉氏はいずれも譜代大名で、安藤氏十七年間、石川氏三十三年間と巨視的にみれば短期間で藩主の交代が行われたが、板倉氏にいたり、備中松山藩主の交代はなかった。

板倉氏の治世は百二十七年間におよんだ。その中でも特筆されるのが、嘉永二年（一八四九）、藩主板倉勝静《かつきよ》の登場と、山田方谷《ほうこく》の大抜擢だろう。勝静は、方谷の主導のもと、藩政改革を断行し、わずか八年の間にその成功をみた。方谷の改革は彼の影響力がおよぶ間、決して揺らぐことがなかった。

また、勝静は安定した藩政を背景に、奏者番兼寺社奉行、老中へと異例の昇進を遂げ、幕末維新期の江戸幕府中枢の人物として活躍した。

でも日本人に藩意識があるのはなぜだろうか。明治四年（一八七一）七月、明治新政府は廃藩置県《はいはんちけん》★を断行した。県を置いて、支配機構を変革し、今までの藩意識を改めようとしたのである。ところが、今でも、「あの人は薩摩藩の出身だ」とか、「我らは会津藩の出身だ」と言う。それは侍出身だけでなく、藩領出身も指しており、藩意識が県民意識をうわまわっているところさえある。むしろ、今でも藩対抗の意識が地方の歴史文化を動かしている。そう考えると、江戸時代に育まれた藩民意識が現代人にどのような影響を与え続けているのかを考える必要があるだろう。それは地方に住む人々の運命共同体としての藩の理性が今でも生きている証拠ではないかと思う。

藩の理性は、藩風とか、藩是《はんぜ》とか、ひいては藩主の家風ともいうべき家訓などで表されていた。

〔稲川明雄（本シリーズ『長岡藩』筆者）〕

諸侯▼江戸時代の大名。
知行所▼江戸時代の旗本が知行として与えられた土地。
足軽層▼足軽・中間・小者など。
伊東多三郎▼近世藩政史研究家。東京大学史料編纂所教授を務めた。
廃藩置県▼幕藩体制を解体する明治政府の政治改革。廃藩により全国は三府三〇二県となった。同年末には統廃合により三府七二県となった。

シリーズ藩物語

備中松山藩

目次

これも備中松山

現在の岡山県と備中松山藩領

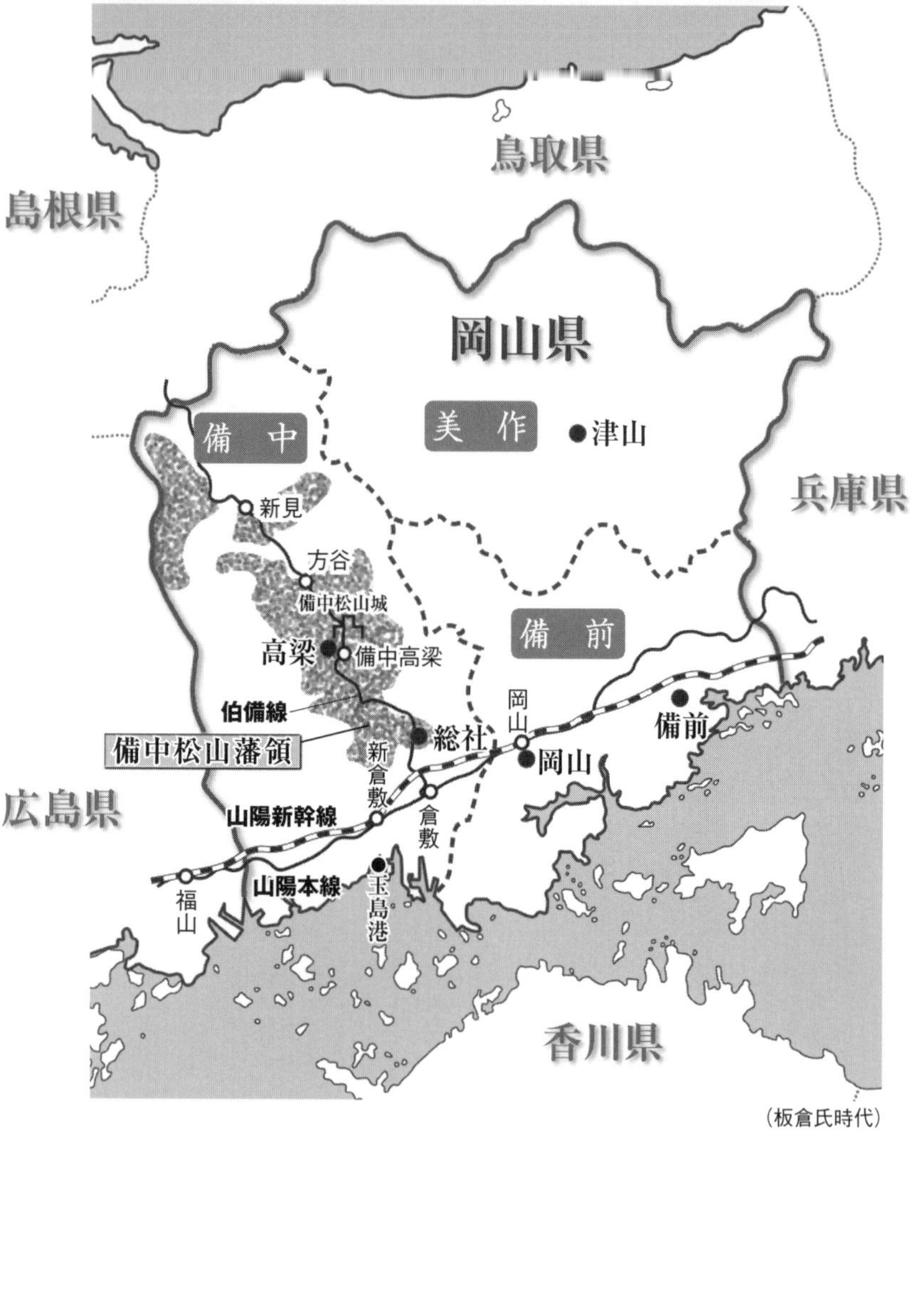

（板倉氏時代）

第一章 備中国奉行の支配と備中松山藩の始まり

豊臣大名が集う中国地方、その中心に備中松山があった。

名勝頼久寺庭園

① 備中国奉行小堀氏と備中松山藩の立藩

関ケ原の戦いは、徳川家康率いる東軍の勝利に終わった。
しかし、中国地方には、豊臣大名がほとんどの領地を得た。
備中国奉行は、そこにクサビのように配置された。

備中国奉行小堀氏

慶長五年（一六〇〇）、関ケ原の合戦の直後、備中国奉行として小堀正次《まさつぐ》が就任した。子の政一《まさかず》（遠州）も従った。この時、政一は、齢二十二であった。

小堀氏は、『寛政重修諸家譜』では、藤原秀郷《ふじわらのひでさと》★流の出自とされているが、事跡が明らかになるのは、正次の時からである。近江国坂田郡小堀村（現滋賀県長浜市）を領した一族でそこの土豪として栄えたようである。

正次は通称新助、母は浅井《あざい》氏★出身の女性であった。はじめ北近江の浅井氏に仕え、浅井長政が織田信長に滅ぼされた後、豊臣秀吉のもとでその弟秀長に仕えた。秀長、その子秀保が相次いで亡くなると、再び秀吉に仕え、大和国の内に五千石の領地を与えられていた。

▼藤原秀郷
平安時代中期の武将。平将門の乱で功を挙げる。？～九五八。

▼浅井氏
近江国浅井郡（現滋賀県長浜市）を拠点とした氏族。戦国時代、浅井長政が織田信長と戦ったことで知られる。

秀吉の死後、徳川家康による上杉景勝討伐に供奉《ぐぶ》し、それ以降、家康のもとで活躍することになる。慶長五年の関ヶ原の合戦に従軍し、大和の領地から、近江の旧領と備中国内、現在の岡山県井原市を中心に一万四千四百六十石を与えられる。

これと同時に、備中国奉行を拝命し、備中松山城を預かった。この国奉行は、単独で任命されたものではなく、畿内（現在の京都府、大阪府、奈良県の一部）を中心に一一カ国に置かれ、京都所司代板倉勝重《かつしげ》★や大久保長安《ながやす》★などとともに、西日本の政務を相談し対処することも兼務した。また、翌年には伏見城（京都府京都市）の作事、さらに翌年近江国検地、同八年には備前岡山藩主の小早川秀秋の死去に伴う差配を担当した。慶長八年、秀秋の領国は、池田忠継《ただつぐ》★に備前国、森忠政★に美作《みまさか》国が与えられた。

こうした激務がたたってか、慶長九年二月二十九日、江戸へ向かう途中、相模国藤沢宿（現神奈川県藤沢市）で急逝した。六十五歳であった。正次は、上杉討伐、関ヶ原の合戦に供奉しているが、戦働きで名を揚げた訳ではなく、徳川の支配体制を構築する重要な役割を果たしていたといえる。

また、関ヶ原の合戦直後、備中松山城を預かるが、これをもって備中松山藩の立藩とはしない。正次の領地は遠隔地にあり、備中松山城を中心とした領国を安堵されていた訳ではなく、あくまで、備中国の「国務」を行うことを命じられて

▼板倉勝重
江戸時代初期の京都所司代。山城国奉行を兼ねた。備中松山藩板倉氏始祖。一五四五〜一六二四。

▼大久保長安
江戸時代初期の勘定奉行、老中。大和国、美濃国の国奉行。一五四五〜一六一三。

▼池田忠継
江戸時代初期の大名。備前岡山藩主。播磨姫路藩主池田輝政の二男。一五九九〜一六一五。

▼森忠政
江戸時代初期の大名。美作津山藩主。戦国武将で織田信長家臣森可成の六男　一五七〇〜一六三四。

おり、知行地経営を行っている訳ではない。また、中国地方のほとんどは豊臣大名に支配されており、それを監視するためのクサビとして打ち込まれたような印象が強い。実際、京都所司代板倉勝重などとの連携や、小早川秀秋改易に伴う対応など、その役割を大いに果たしていた。

正次の跡を継いだのがその子小堀政一である。こうした役職は世襲という訳ではないが、父の仕事を側で見ていた人物として、その任も引き継いでいる。

小堀遠州の治績

小堀政一は通称作助、従五位下遠江守に叙任したことから「遠州」と呼ばれる方が一般的である（以下遠州で統一）。慶長九年（一六〇四）二月の父正次の急死を受けて家督を継ぎ、領地二千石を弟正行に分け、近江、備中国内に一万二千四百六十石を領した。遠州が登場してもこれを備中松山藩の立藩としないのは父正次と同じ理由である。

父正次は、一部備中国の検地にも着手していた。備中国全体の国絵図、郷帳★の作成のための検地である。遠州がそれを引き継ぎ行った。この件の検地の現存する検地帳は岡山県井原市に残された九冊のみである。しかし、その精度は、当時、財政、民政の第一人者大久保長安が絶賛するほどであったという。

小堀遠州像（頼久寺蔵）

▼郷帳
江戸幕府が国絵図とともに作成・提出させた、郡ごとに村名とその石高を書き上げた帳簿。一国単位でまとめられている。

小堀氏時代の特徴として、現代の行政ではあまり考えられないことであるが、寺社に対する保護の姿勢が真摯であることがある。父正次の時には、備中国一之宮吉備津《きびつ》神社（現岡山市北区吉備津）の神領百六十石を大久保長安と連署で安堵しているのをはじめ、遠州も備中国内の寺院に対して寺領安堵の手続きを行っている。

　また、遠州の政庁であった天柱山安国頼久禅寺《らいきゅうぜんじ》（頼久寺）に対しても寺領二十石の安堵を行い、小堀遠江守名義で木製の制札《せいさつ》★が出され、寺の安全を保障している。政庁としての役割を果たす場所であるから、当然ともいえるが、木製の遠州制札は極めて珍しいものである。備中松山城はこの時代山城、御根小屋ともに荒廃しており、城下の公的施設としての寺院があてがわれたのであろう。

　遠州は、頼久寺をただの政庁として扱うだけではなく、境内に作庭を行い、現在も名勝指定を受けた蓬莱式枯山水庭園★として、人々の目を楽しませている。遠州が家督相続したのは二十六歳の時で、その後十三年間にわたって、備中国を治めた。頼久寺の庭園は遠州の極めて若い時の作例としても注目される。

　次に、備中松山城の再建について紹介しよう。先に、小堀氏が豊臣大名の領地の中にクザビを打ち込むような形で備中国奉行に任命されていることを紹介した。また、関ヶ原の合戦後、いまだ豊臣秀頼は健在であった。遠州自身、大坂冬の陣、夏の陣に出陣しており、そうした脅威は肌で感じていたことであろう。このよう

▼制札
禁止の条項を書き上げ掲示された札。

▼蓬莱式枯山水庭園
仙人が住むといわれる蓬莱島に見立てた石組を中心に、水を使わず砂で海を表現した枯山水の庭。

な背景から城普請を進めたと思われる。そして、頼久寺を仮の政庁として継承しつつ、慶長十三年頃から備中松山城を頂く臥牛山《がぎゅうざん》麓の御根小屋（下屋敷）の建造も始めている。

この後の城の姿を確認できるのは「正保城絵図★」である。城下町まで描かれたこの絵図は、江戸幕府に提出されたものであるが、かなり簡略化された絵図である。その中で、山城の施設が部分的に残されていることがわかる。御根小屋についても同様である。

ここから考えられるのは、遠州が実際どこまで築城できたのかということである。一つは備中松山城（小松山城）の近世城郭化を完成させ、遠州退去時の元和三年（一六一七）、元和元年のいわゆる「一国一城令」に従って備中松山城を破却しているということがある。これは、遠州が出した文書の中に、小松山城から諸道具を下ろし、近々「こぼつ（壊す）」予定であるから、門を封鎖し、番人を数名置いておくよう指示したものがある。しかし、実行されたかは不明で、あるいは、自然倒壊に任せた可能性もある。

また、遠州の築城は完成を待たずに、備中松山を離れたという解釈もできる。「正保城絵図」を見ると、小松山本丸に見える二階建ての櫓、それに付随する「広間」と注記された建物、一部の土塀や一階建ての櫓などが散見される。御根小屋も完成しているとはいい難い表現である。

▼正保城絵図
正保元年（一六四四）、徳川家光が大名に国絵図・郷帳とあわせて作成を命じた城絵図。

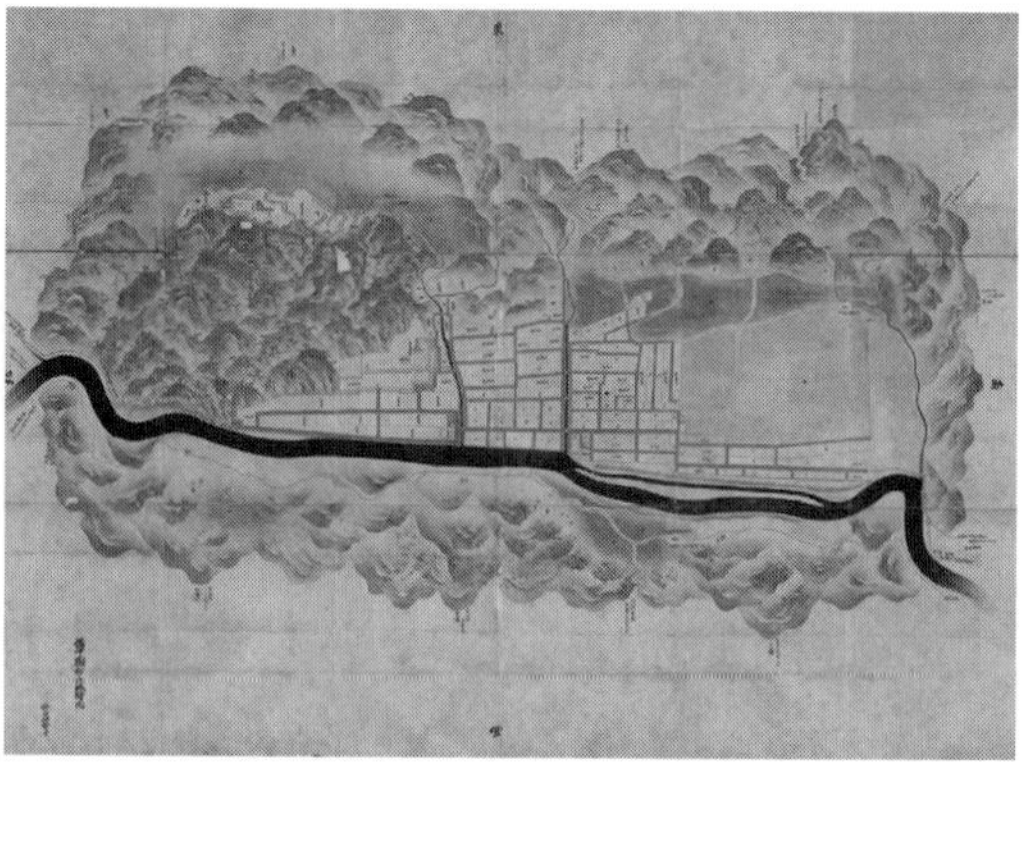
正保城絵図の内備中国松山城絵図
（国立公文書館内閣文庫蔵）

また、城下町の建設について、武家屋敷の建設は、遠州の領地の所在、家臣団の人数や国奉行の立場からしてほとんど行われていないと考えられる。遠州は伏見奉行を兼ねており、京都伏見を拠点とし、国奉行として備中松山に常駐していた訳ではなく、在任中の年末年始、不定期に出張するのみであった。

商家町については、後に紹介する特産品の流通などのことを考えると取り立て（建設）が進められていた。少なくとも、元和二年には本町（岡山県高梁市本町）、新町（同新町）、鍛冶町（同鍛冶町　本格的には池田氏時代）の取り立ては行われていたようである。

小堀遠州の治績として、寺社の保護、備中松山城の再建を見てきた。三つ目に紹介するのは備中国の特産品についてである。

ここで注目されるのは、鉄、銅、紙である。鉄は古代より、備中国北部（備北）から豊富に産出され、遠州の時代も重要な鉱物資源として十分な産出量を誇り、砂鉄をたたら製鉄で精錬して使用する方法が取られていた。遠州は、茶人、作庭家などの一面を持つ当代随一の文化人として知られるが、もう一つの面は、技術官僚（テクノクラート）としても一流の技量の持ち主であった。備中国奉行でありながら、当時の朝廷、幕府の普請、作事の大半にかかわり、全国を舞台に活躍していた人である。備中鉄はそうした作事の場で大量に使用されていた。この資源は、幕末まで枯渇することなく、後の備中松山藩を救う鍵ともなる。

現在の本町通り

次に銅である。備中国で銅といえば、吹屋《ふきや》銅山（現岡山県高梁市成羽町中野）が有名である。これも奈良時代には産出が認められ、採掘されてきた。しかし、吹屋に限らず、備中の銅は産出量の差異はあるものの、広範囲に産出があったようである。最も産出量が多かったのは、近代に入ってからであるが、貨幣にも採用される金属として珍重された。

次に紙である。備中国上房郡広瀬村（現高梁市松山）の柳井氏の製造する檀紙《だんし》は上質の楮紙で、特別な紙であった。この紙の確保は極めて重要なことであった。

この紙は江戸幕府歴代将軍が、大名に領地安堵の証明として発給する朱印状の料紙（用紙）として独占的に使われた。封建社会の根幹をなす公的文書に例外なく使用されていることからも、その重要さがわかる。

現在、檀紙の特徴は、大判で厚みがあり、表面に「シボ」と呼ばれる漉目《すきめ》のようなしわがあるとされている。しかし、柳井家に残された元亀、天正年中の製造とされる雛形には「シボ」はなく、白く滑らかな風合いを持っている。「シボ」は江戸時代、寛文期、元禄期に入ってからの特徴といえるだろう。

また、朱印状として発給されたものを観察すると、虫損を起こしているものは、ほぼ皆無であり、ほこりや水損がなければ、今まさに発給されたのではないかと思わせるほどの美しさである。もはや製造技術は失われてしまっているが、明治十年（一八七七）第一回内国勧業博覧会にも出品されていることからも、永くその名声は知られたのであろう。

　また、檀紙にまつわる伝承に、柳井家に檀紙製造の技術を継承する者について、小堀氏の一族（甥）を養子に迎えた、といったものもある。その他、柳井氏に江戸で檀紙製造を行ってもらえないかと尋ねたところ、「河内谷川（現岡山県高梁市松山　柳井家北側の谷を流れ、高梁川に注ぐ小川。檀紙製造に最適な水質であった）の水を江戸まで通してくれたら、考えよう」といった、という伝承が残されている。

　こうした伝承の他にも、遠州が茶人ならではの話として、茶釜の下に敷く、「釜敷紙」を遠州の指導のもと作らせたというのもある。

小堀氏略系図

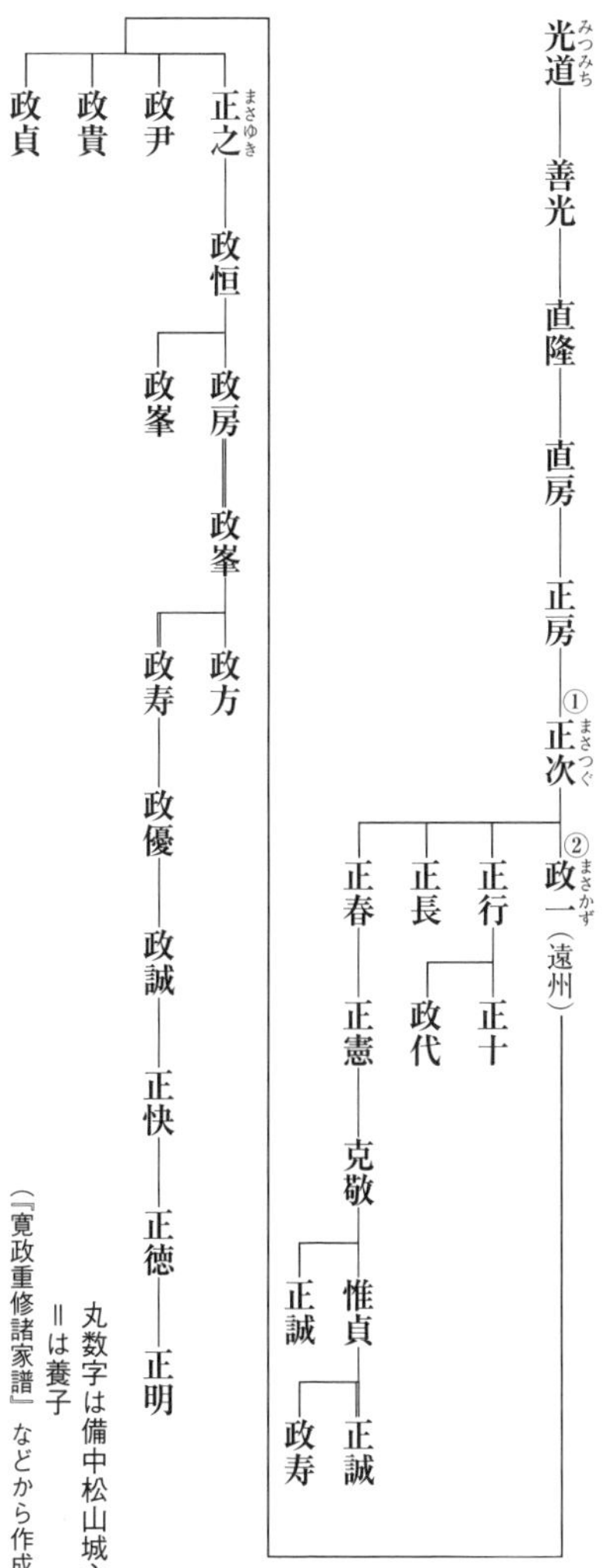

丸数字は備中松山城主
＝は養子
（『寛政重修諸家譜』などから作成）

②備中松山藩の成立

備中松山藩は因幡鳥取から転封となった池田長幸が藩主となって、立藩した。
備中国全体を領地としなかったが、その中心として役割を果たした。
城下町の建設をはじめ、領内の開発が進む。

小藩乱立

豊臣氏が滅亡し、小堀遠州が備中国を離れた後、江戸時代も次第に武断政治から文治政治へと移行しつつあった。この時、備中国の大半は幕府領となっていたが、こうした幕府領は、他の大名の加増、所替えの対象として利用されることが多くあった。まさに備中国はその典型例となった。

その過程を見るために、少し広域な視点から大名領国の動きを見てみよう。

慶長十八年（一六一三）、播磨《はりま》五十二万石の姫路藩主池田輝政《てるまさ》が五十歳で亡くなると、嫡子利隆《としたか》が家督を継ぐ。同時に幕府は利隆の弟忠雄《ただかつ》に備前岡山二十八万石を与えた。徳川家康の娘督姫《とくひめ》の子であるための計らいといわれる。しかし、三年後に利隆も死去、嫡子光政が家督を継いだ。八歳という若さであった。後に、水

姫路城天守

戸の徳川光圀《とくがわみつくに》、会津の保科正之《ほしなまさゆき》と並び称された名君も、幼少の身であった。

幕府は西国経営の要地であった姫路を若年の藩主に任せられないということで、姫路を本多忠勝★の子本多忠政に十五万石で与えた。池田氏時代の五十二万石から、十五万石に減っているので、譜代大名に対しての領地として細分化されてあてがわれていることになる。

それに合わせて、幕府は、池田光政《みつまさ》を因幡《いなば》国・伯耆《ほうき》国三十二万石に移したのである。それまでの因幡・伯耆の領地配分は中村氏★断絶などにより、小藩が分割して支配していた。因幡鳥取藩主池田長幸《いけだながよし》、因幡若桜《わかさ》藩主山崎家治、他四氏の領地に加え幕府領、大山寺《だいせんじ》領といった具合である。光政所替えに当たって、大山寺領を除くすべての藩が玉突きのように他領へ移された。

この内、因幡鳥取藩主池田長幸が六万石から五千石加増で備中松山へ転封、因幡若桜藩山崎家治が三万五千石で備中成羽《なりわ》へ移された。これが、それぞれの地域の立藩となった。時に元和三年（一六一七）二月のことである。

当時、備中国の総石高は二十三石弱になっている。この両氏でおよそ半分弱を占めていることになる。しかし、もう半分は、木下氏、伊東氏、戸川氏、幕府領、旗本領、他藩の飛地など、特に南部はモザイク状に支配が入り組んでいる。こうした領地分配を出発点として、江戸時代の歴史が刻まれていくことになる。

余談ではあるが、その後、寛永九年（一六三二）、池田光政二十四歳の時、備前

▼本多忠勝
安土桃山・江戸時代初期の武将・大名。徳川四天王の一人。一五四八〜一六一〇。

▼中村氏
中村一氏の子一忠。慶長十四年（一六〇八）に死去。御家断絶となる。

岡山城天守

岡山を治めていた池田忠雄の子光仲《みつなか》が三歳で藩主となると、因幡鳥取と備前岡山を入れ替える「御国替え」が行われ、幕末までその形で続いた。

備中松山藩主池田長幸の立藩

江戸時代を通じての備中松山藩の初代藩主は、元和三年（一六一七）二月に藩主となった池田長幸である。これをもって備中松山藩の立藩となる。同じく備中成羽藩も山崎家治を初代藩主とする。

池田長幸は池田恒興《つねおき》の三男長吉の嫡男として、大坂で生まれた。母は伊《い》木《ぎ》忠《ただ》次《つぐ》★の娘である。慶長十九年（一六一四）、父長吉《ながよし》の卒去に伴い、遺領を継いだ。同年起こった大坂冬の陣に参陣、翌年の大坂夏の陣にも赴き、軍功を挙げた。この年、従五位下備中守に叙任した。

元和三年、先に記したように、池田光政の所替えに伴い、備中松山城を賜われ、五千石の加増で六万五千石の大名として、備中松山藩が立藩した。

元和五年六月、安芸国、備後国で五十万石を領有していた福島正則は、広島城修築問題により、減封の上、信濃川中島（信州高井野藩）四万五千石に転封となった。これを受けて、城請取りに際して、幕府から上使をはじめとした多くの役人が派遣され、中国地方の大大名もほぼすべて動員されて行われた。安芸広島城

鳥取城跡（PhotoAC）

▼伊木忠次
戦国～江戸時代初期の武将。織田信長、池田恒興、池田輝政に仕え、子孫は、備前岡山藩池田家の筆頭家老を務めた。一五四三～一六〇三。

の在番★は美作津山藩主森忠政が受け持ち、備後三原城★の在番を長幸が受け持った。正則がいかに警戒されていたかが伺われる。一時的に緊張が走ったものの、一カ月ほどで無事、城請取りは行われた。

この結果、同年七月、安芸広島には四十二万石で浅野長晟《ながあきら》が入封し、三原城は広島藩の支城として幕末まで存続した。同年八月、備後福山には十万石で水野勝成が入封した。備中国小田郡、後月《しつき》郡も一部領地となっている。当初勝成は、神辺《かんなべ》城を居城としていたが、現在の福山城を築城し、中心地を移動させ国づくりを始めた。勝成は、放浪時代備中成羽に滞在し、近隣の土地に明るかったことも入封の理由である。この時、以前成羽の領主であった三村親成《ちかしげ》は、毛利氏から主君を水野氏に替え、その子孫も水野家中として続き、現代まで存続している。

寛永三年（一六二六）、御水尾《ごみずのお》天皇が京都二条城に行幸するにあたり、将軍徳川家光が上洛することになった（寛永行幸）。長幸も京都へ行き、二条城での家光の出迎えと、家光参内に伴う供奉を務めた。

徳川家光は生涯三度上洛した。諸大名の軍勢を率いて大規模に行い、その治世の威信を世に知らしめた。長幸が生きたのはそういう時代であった。

寛永九年、四十六歳で卒去《そっきょ》。墓所は池田家菩提寺であった威徳寺（現高梁市上谷町）、また東禅寺（現東京都港区高輪）にある。

長幸卒去の後、備中松山藩主を継いだのは、嫡男長常である。長常は、鳥取に

▼在番
江戸時代、幕府の命令で主君のいない城を警衛すること。

▼備後三原城
現在の広島県三原市に存在した城。福島正則が備後国を治めるために拠点とした城。

福山城天守

生まれた。母は森忠政の娘である。六歳の時、大坂冬の陣を機に徳川秀忠にお目見えを果たした。元和元年、従五位下出雲守に叙任、寛永三年には、父とともに上洛して、徳川家光の供奉を務め、その後遺領を継いだ。

　寛永十年、出雲松江藩主堀尾忠晴《ただはる》（堀尾吉晴《よしはる》の孫）★が無嗣断絶となり、松江藩二十四万石が収公となった。長常は、松江に赴き、松江城の守衛を行った。ここまで見ると、備中松山藩池田氏の時代、中国地方では、中村一氏《かずうじ》★、福島正則、堀尾吉晴と豊臣大名が三家なくなったことになる。翌年、京極忠高《きょうごくただたか》が若狭小浜《わかさおばま》から出雲松江に所替えとなった。

　備中松山藩池田氏からは長幸の義理の妹が備中成羽藩主山﨑家治に嫁しており、姻戚関係にあった。加えて、美作津山藩二代藩主森長継《ながつぐ》には長幸の娘つるが嫁しており、つながりを広げている。津山城備中櫓の作事料をつるの実家池田家が支出しており、その名が付いた。平成十八年（二〇〇六）、残された史料から往時の姿に復元され、岡山県津山市の新たな象徴として親しまれるようになった。

　寛永十五年、備中成羽藩主山﨑家治が島原の乱の終息した肥後富岡に加増転封（三万五千石から四万二千石）となり、成羽の地を離れた。その空白を長常が在番し、次の藩主を待つことになった。

　寛永十八年一月、江戸の大火により、紅葉山、江戸城西の丸、市谷などの石垣普請を務めた。同年九月、長常は跡継ぎがなく卒去した。二十三歳であった。墓

▼**堀尾吉晴**
豊臣政権下の有力大名。関ヶ原の戦い後、出雲国富田二十四万石の大名となる。本拠を同国松江に移した。一五四三〜一六一一。

▼**中村一氏**
豊臣政権下の有力大名。関ヶ原の戦いでは東軍に属するが、戦い直前で病死。戦後子の一忠が伯耆国米子十七万五千石を与えられる。？〜一六〇〇。

松江城天守

所は父長幸と同じく威徳寺、また東禅寺にある。

　威徳寺は現在無住で建造物のみが静かに残っている。本堂裏（東側）に小さな宝篋印塔《ほうきょういんとう》が二基あり、台座にその名が刻まれている。

　東禅寺には、威徳寺のものとは比較にならないほどの大きさの石塔が建立されている。東禅寺は、備前岡山藩主をはじめとした池田家一族の江戸での墓所でもある。大名の墓所は領国、江戸、京都、本貫地★など複数ある例が多い。

池田氏の城下町取り立て

　小堀遠州が去った後、長幸の喫緊の課題は、武家町の取り立て（建設）であった。遠州の家臣団は、二〇〇人に満たない家臣団である。その上、備中松山には一族の小堀勘左衛門を代官として置き、本拠を京都伏見としていたため、大規模

▼本貫地
本籍地のこと。

高梁威徳寺池田家墓所

池田氏略系図

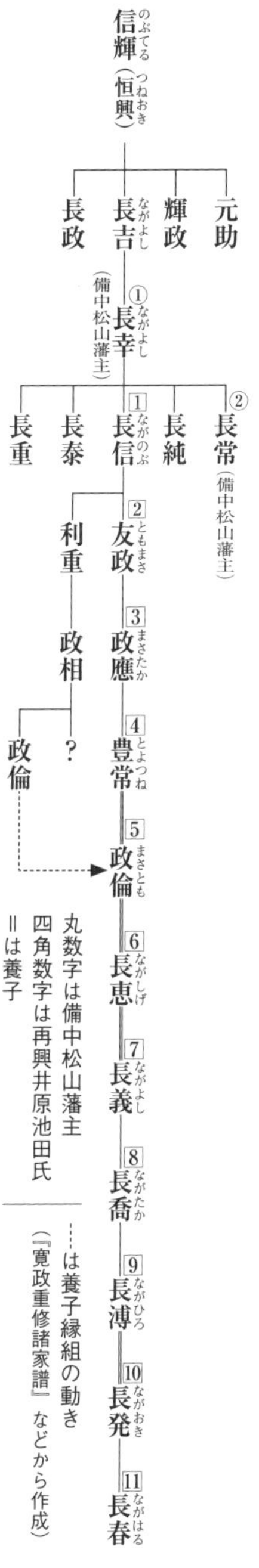

な武家町を必要としなかった。しかし、池田家としては、ここを拠点とするため、長幸は九〇〇人余りの家臣団の生活の場を確保することが必要であった。

現在残された地名と照合すると、内山下《うちさんげ》（本丁）、川端《かわばた》丁、御前《おんざき》丁、石火矢《いしびや》丁、片原丁、頼久寺《らいきゅうじ》丁、中之《なかの》丁、伊賀《いが》丁（以上、上家中）、寺町、向《むこう》丁（鷹匠丁）、柿《かきの》木《き》丁、大工丁、荒神《こうじん》丁、甲賀《こうが》丁、八幡《やわた》丁（以上、下家中）、中間町《ちゅうげんまち》、鉄砲丁（その他）合計一八丁を建設した。

商家町については、遠州が本町、新町を建設していたことから、元和四年（一六一八）、本町の通りから南へ下町、新町の通りから南へ鍛冶町と拡張し経済活動の基盤を整えていった。本町は高梁川沿いにあり、河岸から直に舟の荷物を陸揚げできる利便性があった。新町、鍛冶町は一本山側に入った通りとなっている。

当時の城下町の南端は、現在、「ハナミズキ通り」と呼ばれている道路の位置である。現在の町並みを考えると、随分と北に寄っているように感じる。江戸時代初期の池田長幸が率いた家中規模であれば、城下町もこの程度であったのだろう。「ハナミズキ通り」は現在道幅が拡張されているが、かつては路地といった程度で、「牢屋小路」といった。この小路を高梁川に向かって西進し、城下南端の高梁川に面した所に牢屋があったからである。後に、城下町はさらに南側に拡張されることになるが、牢屋は移転することなく残された。

池田氏時代の城および城下町を知ることのできる絵図は、先に紹介した「正保城絵図」である。一六四〇年年代の姿で描かれており、次代における水谷氏の城下町拡張が反映されていないものである。

池田氏の新田開発

池田氏時代に内政に関してはほとんど知る術がない。その中で伝わるのは、長幸時代の元和三年(一六一七)、高梁川下流右岸、長尾内新田(現倉敷市玉島長尾)を七〇町歩開発し、その先鞭を付けていることである。

さらに、寛永初年に同じく長尾内新田六〇町歩完成しており、池田氏も治世二十五年の間に例に違わず新田開発に着手している。

その開発は、さらに拡張することを見据えて行われていたと見られ、長尾外新田一〇町歩、船尾中新田(現倉敷市船穂町)六〇町歩が完成している。

それだけではなく、後に「高瀬通し」と呼ばれる運河の入口となる「一の口水門」(現倉敷市船穂町水江)から高梁川西岸に約一・五キロメートルにわたって堤防が築かれており、さらに西方の干拓★を念頭に入れていたと思われる。石高制によって、経済規模を規定された江戸時代の人々にとって、米の増産が収入増加につながった。備中国南部の平野は江戸時代の新田開発によってそのほとんどが成立しており、地名に「島」「新田」と付くものが多いのはその名残である。

高瀬通し一の口水門

▼干拓
遠浅の海や干潟を堤防で仕切り、水を抜き取ったり、干上がらせるなどして陸地にすること。

これも備中松山

猫城主さんじゅーろー

「高梁《たかはし》に過ぎたるものは二つあり山のお城とさんじゅーろーと」

備中松山城は唯一無二のものが二つある。一つは山城でありながら日本で唯一現存する天守。もう一つは猫城主さんじゅーろーである。

平成三十年（二〇一八）七月、高梁は台風と梅雨前線の影響で、未曽有の水害にみまわれた。「平成三十年七月豪雨（別称西日本豪雨）」と命名された豪雨災害は、高梁のみならず、西日本を中心に広域にわたって甚大な被害をもたらした。被害はハード面だけでなく、ソフト面である観光業にも大きなダメージを残した。備中松山城を訪れる人も激減したが、まずは市の災害復興が急務であった。

さんじゅーろー

そんな復興のさなか、「かわいい猫が城にいる」とのうわさが聞こえてきた。高梁市観光協会の職員たちが確認したところ、茶白の毛並みにしましまの尻尾を持ったオス猫だった。

災害があったとはいえ、猫が標高四三〇メートルもある山頂までたどり着いたことに皆が驚いた。人懐こい性格のこの猫は、実は飼い猫であり、飼い主も見つかった。しかし、飼い主のご厚意もあり、観光協会が責任をもって面倒を見ることになり、晴れて城に住むことになった。獣医師の指導のもと、環境が整えられた。

名前は「さんじゅーろー」。新選組七番隊隊長で備中松山藩士でもあった谷三十郎にちなんだものである。さんじゅーろーの名は広く知られるようになり、登城者数はV字回復を見せ災害復興のシンボルともなった。

実は逃亡事件もおこしたさんじゅーろーだが、同年十二月十六日、猫城主として正式にデビューした。翌年四月二十二日には板倉宗家第十九代当主板倉重徳《いたくらしげのり》さんから、登城者回復の功績に対して感謝状も贈呈された。備中松山城二の丸には早くもさんじゅーろーの石像が置かれている。永くその愛くるしい姿を見せてもらえることを願っている。

③ 池田家断絶とこの地域の動向

備中国の領地は備中松山藩を中心に細分化されて支配が確立していく。江戸時代前期にあって、大名の所替え、御家断絶が相次ぐ。断絶した大名家はその存亡を御家再興にかける。

備中成羽藩山﨑氏の所替え

ここで、池田長常が在番を勤めた備中成羽《なりわ》藩主山﨑氏について言及しておこう。現在は平成十六年（二〇〇四）十月の市町村合併以来、同じ高梁市となっている上に、備中松山藩にも大きく関係しているため、ここで紹介したい。

池田長幸と同じ時に備中成羽藩三万五千石の大名として入封してきたのが、山﨑家治である。家治は、通称左近。対馬国（現長崎県対馬市）で山﨑家盛★の子として生まれた。慶長十七年（一六一二）、従五位下、甲斐守に叙任し、同十九年、父の遺領因幡若桜三万石を継ぐ。同年、大坂冬・夏の両陣では戦功を挙げ、元和三年（一六一七）、備中国成羽三万五千石に所替えとなった。

この時は、成羽の旧三村氏居館（成羽城）に入り、備中成羽藩主として、幕府

▼山﨑家盛
安土桃山・江戸時代初期の武将・大名。摂津三田城主山﨑片家の子。因幡若桜藩主。一五六七～一六一四。

から備後三原城（現広島県三原市）、伊予松山城（現愛媛県松山市）の在番や、大坂城石垣普請を二度にわたり命じられ、その時の廃石でできた中ノ島（現大阪市北区中之島）は山崎領となり、幕末まで安堵された。

また、高梁川河口東岸の西阿知《にしあち》、連島《つらじま》（ともに現倉敷市）で干拓による新田開発を行っている。その手腕は、寛永十五年（一六三八）、島原の乱直後の肥後天草四万二千石と富岡城（現熊本県天草郡苓北町）を与えられた時にも発揮された。

この時成羽には他の大名が入らず、池田長常が、成羽の在番を務めたのである。これは隣藩であり、家治の正室が長常の伯母であったことも理由かもしれない。山崎家中の一部は、所替えに従わず、池田家中に登用された者もいる。

なお、備中松山城下の龍徳院は家治の祖父片家の法号から、寿覚院は家治の曾祖母の法号から取られた寺号であり、建立にも旧山崎家中の者が関係している。

その後家治は寛永十八年、讃岐《さぬき》丸亀五万三千石に転じ、丸亀城普請などに取り組んだが、その完成を見ることなく、慶安元年（一六四八）卒去。五十五歳であった。京都大徳寺の瑞光院、また丸亀寿覚院に葬られた。

水谷家の備中成羽入封

寛永十六年（一六三九）、備中成羽藩主山崎家治が肥後天草へ移り、備中松山藩

伊予松山城天守

丸亀城

主池田長常が在番を務めたことは先に紹介した。その後、常陸下館《しもだて》（現茨城県筑西市）から五万石で水谷《みずのや》勝隆《かったか》が所替えとなり、備中成羽藩主として入封した。この時は、播磨国美嚢郡《みのうぐん》（現兵庫県三木市、神戸市北区の一部）に飛地があり、備中国内に集約されなかった。

勝隆は山﨑家治が使用していた成羽城の政庁としての機能を放棄し、鶴首山《かくしゅざん》の麓に新たな陣屋を設ける大土木事業を行った。元来、成羽川は鶴首山を含めた山地の裾を東へ流れていた。勝隆はその流れを北側に迂回させるように流路を付け替え、山裾と成羽川の間にできた平地を陣屋と陣屋町に改造したのである。陣屋は現在の成羽小学校から旧高梁市成羽地域局にかけての敷地に据えられた。現在の遺構として、石垣と一部の庭園を残すのみとなっている。また、現在の高梁市成羽美術館の敷地にあたる部分は、江戸時代中期の交代寄合★山﨑豊治《とよはる》★の時に陣屋が拡張されたとされている。この拡張された遺構は石垣を残すのみであるが、現代を代表する建築家安藤忠雄が美術館建築として初めて設計した高梁市成羽美術館との調和が美しい。

三年後、備中松山藩主池田氏断絶を受けて、勝隆は備中松山へ移った。この時勝隆の領地は備中国内にすべて移されて安堵された。勝隆は備中松山城を政庁にして藩政を開始した。

高梁龍徳院・寿覚院

▼交代寄合
江戸幕府の旗本の家格で、大名と同じく領地に居住し、参勤交代を義務付けられていた。

▼山﨑豊治
江戸時代前期の交代寄合。山﨑家治の次男。備中成羽領初代領主。一六一九～一七〇一。

池田氏断絶と再興

池田氏は二代長常に跡継ぎがおらず、寛永十八年（一六四一）、御家断絶となった。同年、城の請取りは備後福山二代藩主水野勝俊《みずのかつとし》が命じられた。勝俊の父水野勝成（備後福山初代藩主）は徳川家康の母方の従弟で、諸国遍歴した時、備中成羽の三村親成に寄寓し、勝俊は、そこで生まれた。

老中奉書★を受けた勝俊は、重臣の小場《こば》利之に備中松山への派遣を命じている。在番は翌年の八月まで続き、備中成羽の水谷勝隆へ引き渡された。

水野氏は初代勝成、二代勝俊の時代に備後福山藩の基礎を築いた。

備中松山藩主池田氏は断絶後、家名存続は許され、寛永十九年、池田長信（池田長幸三男）が備中国後月《しつき》郡内千石の領地を与えられ、旗本として再興。現在の岡山県井原市井原町（現井原小学校）に陣屋を構えた。再興は尾砂子《おさご》という名の長信の乳母とも母ともいわれる女性の尽力があったといい、高梁でも池田家が開基した霊松山威徳寺に供養塔が祀られ、また、井原でも井森神社の境内に尾砂子神社が祀られている。以後、井原陣屋は明治維新まで存続した。

幕末には池田長発《ながおき》が出て、外国奉行、さらに文久三年（一八六三）、第二回遣欧使節団の正使として活躍した。

▼**老中奉書**
江戸時代、幕府老中が将軍の命令を伝える文書。

旗本池田家井原陣屋跡
（銅像は池田長発）

第二章　備中松山藩の発展と安定

備中松山藩を名実ともに完成させた水谷氏。その栄枯盛衰を見ていく。

史跡備中松山城大手門北

1 備中松山藩主水谷氏

関東の名族水谷氏。先祖伝来の地常陸下館から備中国へ転封される。
武勇で知られた一族が泰平の世を切り開く。
江戸時代の備中松山藩が最も光り輝いた時を演出する。

水谷三代

江戸幕府が開かれてから元禄年間（一六八八〜一七〇四）にいたるまでの間は、日本の各地で大規模な開発が行われた時期であった。いわゆる右肩上がりの成長によって、徐々に幕藩体制が確立され、経済も進展した。備中国では、まさに水谷《みずのや》氏の時代がこれにあたり、現在にいたるまで語り継がれている。その初代が水谷勝隆である。

水谷勝隆は、常陸下館《ひたちしもだて》藩主水谷勝俊《かつとし》の嫡男として、京都で生まれた。通称彌太《やた》郎《ろう》といい、従五位下伊勢守に叙任している。

慶長五年（一六〇〇）、関ヶ原の合戦の時、父勝俊はすでに徳川秀忠のもとで上杉景勝征伐に従って下野宇都宮にいて、四歳の勝隆は、京都の四条に残された。

水谷勝隆像
（高梁市歴史美術館蔵）

西軍の石田三成が、勝隆を人質にしようとしているとの情報から、乳母は勝隆を連れて、摂津山崎などに逃避し、二十日余り後に西軍が敗北したため、死をまぬがれたという経験がある。

慶長六年、関東へ下り、祖父水谷正村《まさむら》（蟠龍斎《ばんりゅうさい》）の築いた下野《しもつけ》久下田《くげた》城（現茨城県筑西市樋口）へ入った。慶長十一年、勝隆が九歳の時、父勝俊が死去したため、跡を継ぎ、常陸、下野両国に三万二千石を領し、常陸下館城（現茨城県筑西市本城町）を居城とした。この年、初めて将軍徳川秀忠に拝謁している。

慶長十九年、大坂冬の陣の時に美濃苗木《なえき》藩主遠山友政とともに伊勢桑名城の在番を務めていたが、秀忠の命によって、大坂へ上り、上野《こうずけ》高崎藩主酒井家次の組に属し、大坂玉造の攻め口で戦った。

慶長二十年、大坂夏の陣にも出陣し、同じく酒井家次の組に属して戦った。この時は、敵陣に突入して、付き従った者が五、六人討ち取られる中、猛然と戦い、馬を降りて戦おうとしたところを鶴見内蔵助に押しとどめられたが、その場を動かず、敵兵が引いた後、ようやく引き上げたという。手には首五級が挙げられていた。勝隆十九歳の時の逸話である。この時、勝隆の傍らにいた「鶴見内蔵助」が家老鶴見氏である。

寛永十六年（一六三九）、備中成羽の山﨑家治が肥後天草に転封となった。その後へ領地を備中国川上郡、播磨国美嚢郡に移され、備中成羽藩五万石の大名とな

下館城跡

った。実際には備中松山藩主池田長常から請取ったことになる。

勝隆の備中松山藩主になってからの国づくりへの情熱は、目を見張るものがあった。池田氏、山﨑氏が行ってきた、高梁川河口地域の干拓、新田開発は水谷氏の代にいたって本格化し、支配地の高梁川右岸にある長尾外《ながおがい》の新田開発から始められた（一六六四年までに七二七町歩）。

正保二年（一六四五）、勝隆は、播磨赤穂の池田輝興《てるおき》が刃傷事件を起こし、赤穂城も幕府が収めるにおよび、収城使として赴き、次の浅野氏が移ってくるまでの三ヵ月、城を預かった（後の水谷氏断絶の時の収城使は赤穂藩の浅野氏であった）。正保四年には勝隆の妻の出身地である肥前唐津の寺沢《てらさわ》堅高《かたたか》の領地を収める時にも、その城の守衛に赴いている。島原の乱の事後処理の一環である。

寛文四年（一六六四）五月三日、備中松山にて卒去、六十八歳であった。松山定林寺に葬られ、現在も巨大な五輪塔が建っている。嫡男勝宗《かつむね》が跡を継いだ。

水谷勝宗は、通称彌太郎といい、従五位下左京亮に叙任している。父勝隆の死去に伴い、遺領を継ぎ、四万八千石を領し、二千石の地を弟の勝能《かつよし》に分け与えている。この二千石は小阪部《おさかべ》陣屋（現岡山県新見市大佐小阪部）を中心に治めた旗本領として幕末まで続く。

寛文六年、丹後宮津（現京都府宮津市）の京極高国《たかくに》の所領が幕府に没収され、摂津三田藩主九鬼《くき》隆昌《たかまさ》とともに、宮津城を守衛する。また、この年から勇崎外《ゆうざきがい》（現

赤穂城本丸大手門

倉敷市玉島勇崎）の新田開発が始められた（一六七五年までに阿賀崎新田など含めて二四四町）。

水谷氏略系図

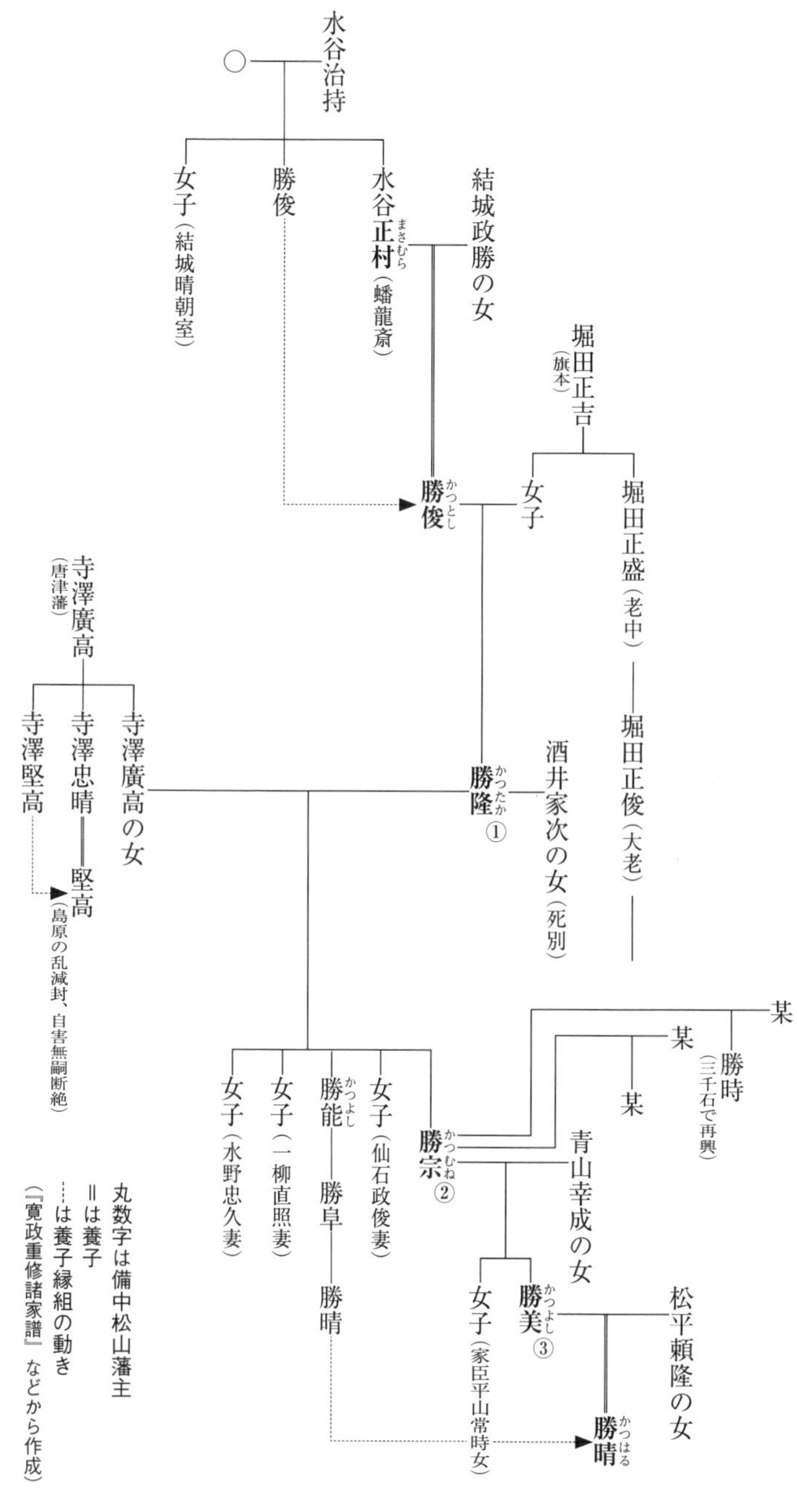

備中松山藩主水谷氏

延宝五年（一六七七）、新たに開墾した新田二千石を本領四万八千石と合わせて表高五万石に再度改められた。

天和元年（一六八一）には、正村、勝俊の時代に姻戚関係にあった結城氏の後裔、徳川家康の曽孫、越後高田藩主松平光長がいわゆる「越後騒動★」により改易となり、その家臣で罪のあった中根長左衛門が備中松山へ預けられている。

また、同年には備中松山城の修復に着手し、天和三年には修復が完了した。同時期には臥牛山南麓に藩主の居屋敷兼政庁である御根小屋《おねごや》も完成している。城下町についても東町、南町の完成によって確立された。

貞享元年（一六八四）、譜代大名の列に加えられ、帝鑑《ていかん》の間に席を与えられると、江戸城内での勤めが多くなり、嫡男の勝美《かつよし》と家老鶴見良俊《よしとし》を藩政にあたらせた。

元禄二年（一六八九）に隠居し、嫡男勝美に跡を継がせた。同年、江戸の桜田屋敷で卒去し、高輪泉岳寺に葬られた。六十七歳であった。

水谷氏の繁栄は勝隆、勝宗の代に確立され、ことに備中松山城の城郭形成、城下町の完成、高瀬舟航路の整備（高瀬通しの開削）、玉島港の整備、新田開発など、今日でいうところのインフラ整備の充実によってもたらされた。これらは後の大名、さらには近代にいたるまで、恩恵をもたらすとともに備中松山の支配の基礎として位置付けられている。勝隆、勝宗の姿勢は三代の勝美にも引き継がれた。

水谷勝美は、幼名は犬千代といい、初名は勝明《かつあき》、勝賢《かつかた》といった。従五位下出羽

▼越後騒動
延宝二年、越後高田藩主松平光長の跡継ぎ綱賢の死去に端を発した御家騒動。初め幕府の裁定を受け、さらに再審を五代将軍徳川綱吉が直裁して越後高田藩は改易となった。

備中松山城本丸

守に叙任している。父勝宗健在の時から藩政にかかわっていたようである。水谷氏は信仰心が篤く、領内の寺社建造物の再建、修築を積極的に行い、残された棟札には連名でその名を見る例が多い。

しかし、襲封してから四年後の元禄六年、病により卒去した。松山定林寺に祖父勝隆とともに祀られている。三十一歳であった。勝美は幼少の時から、体が弱かったようで、祈禱寺であった松連寺には犬千代の病気平癒に関する文書が残されている。

玉島新田の開発

江戸時代前期は田地拡大を中心とした大開発の時代と考えていいだろう。全国の人口でいえば、戦国時代の一二〇〇万人から元禄期には三〇〇〇万人と倍増している。また、石高に関しても、備中国に関していえば、慶長三年（一五九八）には総石高十七万石余りであったものが、およそ百年後の元禄七年（一六九四）には三十三万石余りと倍増している。国内が安定したことにより、生産力増大による人口増加が進んでいたことがよくわかる。

また都市機能も、織豊城郭から始まる近世城郭の建築は意外なことに慶長年間が最も多い。城郭を拠点に、城下町が各地で拡張し、経済発展も進んでいる。

高梁定林寺水谷家墓所

近世城郭は、当時の軍事力（兵力、兵器など）で攻め落とすことは、ほとんど不可能といってよい。大坂の陣を経験した大名たちは、結果落城したとはいえ、通常の戦闘では攻略できないことを痛感していたことだろう。全国に近世城郭が成立したことは、戦争の抑止力の機能を十分に発揮していたと考えられる。さらに、都市機能が充実することで経済が活性化した。江戸時代前期とはそのような時代である。

備中松山藩水谷氏時代はまさにこの時代に相当する。先の池田氏が先鞭を付けていたように、水谷勝隆の代からそれを引き継ぎ、高梁川右岸河口付近の新田開発を進めた。

池田氏時代には二〇〇町歩程の新田と全長約一・五キロメートルの堤防を残していた。その続きとして、水谷氏は玉島新田の開発を進めている。

江戸時代の高梁川の流れは、酒津《さかづ》（現倉敷市酒津）から四十瀬《しじゅうせ》を経由して現在の水島臨海鉄道の経路を流れていた東松山川と、現在の本流に当たる西松山川とに分かれていた。さらに西松山川は乙島《おとしま》（現倉敷市玉島乙島）の東側と、西側の乙島と柏島《かしわじま》（現倉敷市玉島柏島）の間を流れて瀬戸内海に注ぐ流路とがあった。

この流れの内、乙島、柏島間の流路を上流に堤防を築いて直線的に南流させ、さらに河口付近に潮止め堤防を東西約二・七キロメートルにわたって築堤した。その内側にできた干潟を新田とし、玉島新田が開発された。

現在の玉島羽黒神社周辺

この開発の普請奉行には、領内の賀陽郡《かようぐん》八田部村《やたべむら》（現岡山県総社市中央）の庄屋大森元直をあてて進めた。承応年中（一六五二〜五五）から万治二年（一六五九）までに二一九町歩余りの新田が完成した。

続いて、着手したのは柏島北方の干潟の開発であった。寛文十年（一六七〇）から翌年には一二〇町歩が完成し、柏島新田、阿賀崎《あがさき》村、さらに阿賀崎新田村へと拡大した。

水谷勝隆の代で完成した新田は、長尾外新田、船穂《ふなお》新田、勇崎内新開、玉島新田、上成《うわなり》新田、爪先新田で、合計七二七町歩余りとなった。次代の勝宗が行ったものは勇崎外新開、黒崎内浜《くろさきうちはま》新田、阿賀崎新田、勇崎押山《ゆうざきおしやま》新開、柏島森本新開、柏島主水町新開で、合計二四四町歩である。この間、普請奉行は阿賀崎では佐治三衛門、勇崎では中塚長太夫があたったことが知られている。

つまり、高梁川右岸河口付近の平野部は水谷氏が完成させたのである。

高瀬舟、高瀬通しと玉島港

古代以来、水運は盛んに利用されていた大量輸送の手段である。海はもとより、河川利用は重要なものであった。高梁川水系でも備中国北部にあった東寺領荘園新見荘（現岡山県新見市）から京都へ年貢輸送など盛んに利用されていた。

支流の成羽川上流に「笠神《かさがみ》の文字岩」と呼ばれる川筋の水路開削の記念碑がある。河川交通の難所であった瀬を開削し、それまでは陸路で物資輸送をしていたものを舟で運送できるようにしたのである。徳治二年（一三〇七）と刻まれており、実際の工事にあたったのは、奈良東大寺再建で活躍した伊《い》氏★の一族で伊行経《いのゆきつね》であった。残念ながら石碑は、水力発電所及び水島工業地帯の水源確保のために建造された新成羽川ダムのダム湖に沈んでいるが、健在である。

さて、水谷氏時代の水運として領内を南北に貫流する高梁川を利用したことはいうまでもない。しかしながら、大規模な新田開発で海岸線が沖になることで、川舟が直接港に入れない状況が想定された。

川舟は船底が平らで浅瀬でも滑るように進む構造になっているが、深い海などでは横揺れに弱い。穏やかであれば瀬戸内海を玉島から対岸の丸亀（現香川県丸亀市）まで横断することができたといわれるが、外洋に出ることは不可能である。

そこで、玉島新田の開発に伴い、考え出されたのが「高瀬通し」と呼ばれる運河である。高梁川は天井川で、取水だけであれば問題なく水を取り込むことができる。しかし、積荷を満載した船を流れに任せて運河に引き込むことは川底が浅いため極めて危険なことである。その解決策として採用されたのが閘門《こうもん》式水門の設置であった。

まず、川舟（五十石積―六トン）が通ることができる幅五〜七メートルに水路を

▼伊氏
奈良を中心とした渡来系の一族で、石工として技能を有していた。

高瀬通し

拡張した。その総延長は約九・一キロメートルにおよぶ。そして、取水口であった一の口水門に加え、三五〇メートルほど下流に二の口水門を設けて、高梁川との水位の落差を調節して川舟を安全に引き入れることに成功したのである。

この方式は現代でもパナマ運河（一九一四年開通）で採用されている。太平洋と大西洋との間の水面の高低差が理由である。規模は雲泥の差があるものの、高瀬通しは、パナマ運河に先んじること二百五十年余り前にこの仕組みを編み出し実用化していたことになる。

ただし、舟の航行にあたって、重要な制限があった。それは、一の口水門の上流にある「湛井堰《たたいぜき》（現総社市井尻野 湛井）」の存在である。この堰は高梁川左岸の一二カ郷（上流から刑部郷、真壁郷、八田部郷、三輪郷、三須郷、服部郷、庄内郷、加茂郷、庭瀬郷、撫川郷、庄郷、妹尾郷（現総社市南東部、岡山市西部、倉敷市北東部、岡山市南西部））の水を確保するため、設置されたものである。

堰の完成ははっきりとわかっていないが、平安時代末期には備中の武将妹尾兼《せのおかね》康《やす》によって整えられたという故事があり、その後先例として水利権を犯すことができないこととなっていた。したがって農繁期には堰が閉ざされたため、舟の通行ができず、実際の運航は、農閑期の秋の彼岸から春の彼岸までに限られていた。

このような制約があったものの、この運河によって迂回して瀬戸内海に出ることなく、高梁川から玉島港に直結し、玉島港に停泊する廻船への荷揚げ、荷下ろ

現在の湛井堰

しが円滑に行われるようになった。この川舟は、高瀬舟と呼ばれ、高梁川をはじめ、岡山県の三大河川である旭川、吉井川でも用いられた。

　この水谷氏の遺産は幕末の動乱期にもその有用性を遺憾なく発揮した。近代にいたり、舟数は大きく減少したものの、昭和三年（一九二八）、現在のＪＲ伯備線全線開通にいたるまで利用され続けた。

継舟制と松山河岸

　水谷勝隆は、高梁川河口右岸の新田開発、玉島港開港に伴い、高梁川の水路としての利便性を高めるために、河川の改修工事も行っている。

　松山から上流の新見までの水運をそれまでよりさらに円滑に行うため再開発を行い、川底を掘り下げ、川幅は広げられた。

　正保二年（一六四五）、まずは、それまで上流の終着点であった哲多《てった》郡法曽《ほうそ》村井《い》高《だか》（現新見市法曽）までの水路改修を行った。翌年、さらに上流の法曽村川之瀬までを開削して川湊を設けた。慶安三年（一六五〇）、三日市《みっかいち》、今市《いまいち》（現新見市新見）まで水路が延長され、水谷氏領地の備北の物資輸送の円滑化を図った。

　川之瀬からは川之瀬舟、三日市、今市からは新見舟、井高からは井高舟として、高梁川を下る舟として分類された。

高瀬舟（復元）

こうして大掛かりな水運の基盤を造り上げる過程で、難所といわれる所は念入りに工事を進めているようであるが、それにも増して、神仏の威光を以って難儀を避けるという行為も明らかに見られる。

その好例が、哲多郡石蟹《いしが》村（現新見市石蟹）の大元八幡宮《おおもとはちまんぐう》の本殿改修や川上郡飯部村（現高梁市高倉町飯部）の御鋒《みさき》神社社殿の造営を行い、安全を祈念した。

余談であるが、御鋒神社には樹齢千年といわれる杉があり、「御鋒神社の古杉」として高梁市指定天然記念物になっている。現在は国道一八〇号線のすぐ側にあるが、かつては多く行き交った高瀬舟を見守っていたことであろう。

勝隆は、物質的な基盤整備だけではなく、水運の制度についても整備を行った。継舟制である。

継舟制は、松山から上流の新見舟、川之瀬舟が井高より下流は直通せず、荷物の積替えを行うとともに、運上金を支払い、さらに井高舟も松山河岸下流には直通できず、積替えと運上金の支払いを課すというものである。また、舟の大きさも、井高舟、川之瀬舟、新見舟はおおよそ三十石積の高瀬舟で松山以南では五十石積の舟が用いられた。これは、積荷の重さの制限もあったからである。積荷の積替えは、井高、松山の二カ所であり、これに加えて玉島港が物資の集積地として賑わった。高瀬舟は人も運んでおり、高梁川は水上交通の文字通り大動脈であった。

御鋒神社の古杉

また、井高、松山には番所が設けられ、運上金の徴収を行った。この他に、辻巻番所（現高梁市津川町今津）、青木番所（現高梁市松山落合橋東側）の二カ所も置かれ、それぞれ運上金の徴収を行っていた。

また、幕末、辻巻、青木両番所では、運上とは別に、「番人に挨拶」と称して、高瀬舟一艘につき一匁、材木を運ぶ筏一艘につき二匁を番人に支払ったという。

運上金は藩庫に収められ、藩財政の収入源となった。したがって、継舟制は、物資集積地として城下町に賑わいをもたらすと同時に、藩収入を獲得する政策であった。水谷氏の領域は備中国北部（備北）全体におよんでいたので、領内の制度として機能したが、後の藩主の領地は面積が削減され、必ずしも高梁川上流が領地内ではなかったが、先例として、備中松山藩の制度として踏襲された。

賑わいを享受した備中松山城下には、松山河岸として川湊が整備された。水谷氏時代の具体的な様子は、いくつか残された城絵図でしか確認できないが、城下町側の岸はすべて石垣が描かれ、小路が川縁まで描かれている。石段は描かれておらず、一見すると船着き場のある川湊と思えない表現である。しかし、近代の古写真を参考にすると、石垣を川岸まで下りる雁木が備わっていたと思われる。

また、時代は下るが、一七〇〇年代の石川氏時代の松山河岸には「猿尾《さるお》」と呼ばれる川の流れに突き出した石積みが描かれている。「猿尾」は、川岸の石垣に接しており、下流に向かって膨れる水滴型に石を積み、防波堤兼船着き場となっ

備中松山城の河岸（大正時代）。大きな猿尾が見える
（高梁市郷土資料館蔵）

ている。これが一定間隔に築かれており、そこへ舟が接岸した。石垣下は、船頭が高瀬舟を引き綱で引きながら移動したり、荷物の積み下ろし作業を行ったりする「船頭道」がやはり石積みで造られていた。

また、商家によっては、土蔵の下まで舟を引き入れることができる構造になっていたところもあり、積荷の上げ下ろしが効率的にできるように考えられていた。松山河岸は昭和四十七年（一九七二）まで部分的には残っていたが、この年の大水害でほとんど破壊され、その後、災害復旧に伴う国道一八〇号線拡幅工事によって残っていた部分も失われた。

よく似た遺構として岡山県内の真庭市勝山《かつやま》の「勝山の船着場」がある。旭川流域にあるこの町は、江戸時代に美作勝山藩三浦氏が治めており、やはり、高瀬舟の船着き場として整備したものである。「猿尾」とともに、旭川から舟通し★を引き込んでおり、松山と少し異なっている。

松山河岸（船頭道）
（高梁市郷土資料館蔵）

▼舟通し
川舟を引き入れ接岸する、川の流れと平行に設けられた水路。

領内の特産品

水谷領は、備中国の五分の三程度の面積を有し、特に備北地域に集中していた。備北地域は、吉備高原、中国山地の中にあり、山岳地帯である。おのずと石高は高くない。そのため、備南地域の限られた領内の村を起点に新田開発を行い、米の収穫量を高めていった。武士の経済は米を中心に動いていたため、当然といえば当然の事業であった。

しかし、米だけではなく、領地内の特産品についても藩収入につながるものがいくつかあった。一つには鉄である。小堀氏時代の項でも紹介したが、中国山地は、日本でも有数の鉄の産地である。水谷氏も領内にその産地を抱えていた。

古来、日本の製鉄法はたたら製鉄といい、砂鉄を木炭の火力で溶かして鉄を作る方法である。その工程には大きく五段階ある。木炭の製造、砂鉄の採集、たたら製鉄、鉄を精製する鍛冶、運送である。水谷氏時代にはこれらの工程を適した村ごとに行っていたようである。

主な産地となった村々は、阿賀郡花見村、井原村、実村、成地村、菅生村、大井野村、哲多郡千屋村、釜村（現すべて新見市）などであった。水谷氏は鉄にかかわる経営を民営にし、運上金を上納させることで保護を図った。

村々では、たたら製鉄が行われ、鉄山で働く人々が家族を合わせて大きな集落を形成した。また、鉄穴《かんな》流《なが》し、木炭製造、運送に伴う駄馬の需要など、副業が増加し、現金収入を得ることができた。石高の少ない備北地域では利益を生んだ。

ただし、いくつかのの問題点も発生した。一つ目は鉄穴流しに伴う水の確保である。鉄穴流しとは、土壌に含まれる砂鉄を取り出すために水で土を流し、比重の重い沈殿した鉄を取り出す方法である。これには、大量の水を必要とした。

吉備高原・中国山地中の備中松山城

水の確保は河川からで、川から水を引くために井手（堰）を設置しなければならない。備北地域は高梁川などの河川の水源に近い場所である。そのため、井手を建造する場所の所有権の問題、水利権の問題が発生した。対策として公権力を藩が行使して調整し、経営を民間に委ねる形が取られていた。

二つ目は、これも鉄穴流しから出る泥水の問題である。鉄を取り出した後の泥水は再び川へと流された。これは水質の汚濁、土砂の堆積などで下流の水田耕作に悪影響をおよぼした。影響は遠く備南地域までにおよび、訴訟も多く起きている。これに対し、秋の彼岸から春の彼岸までの農閑期に鉄穴流しを行うことで折り合っていたようである。いかに製鉄業が盛んであったかが伺われる問題である。

三つ目は、輸送の問題である。備北地域の山地輸送は馬を用いていた。小堀遠州が備北の鉄を大坂に運ぶよう指示している事例もあり、陸路だけでは到底大量輸送は困難である。やはり水運を用いることになる。先に高瀬舟の紹介をしたが、高瀬舟も「湛井堰」存在により、鉄穴流しと同様の制約を受けたのである。

このような問題点を抱えながらも、たたら製鉄は備北地域の水谷領の村落に大きな利益をもたらしていたのである。

次に檀紙である。檀紙については、第一章でも紹介した。特産品として「高檀《たかだん》紙《し》」とも呼ばれ、大高檀紙、中高檀紙、小高檀紙と種類が分かれ、大きさによった。水谷氏時代にも珍重された。現在、広瀬の柳井氏が製造した檀紙の見本は、

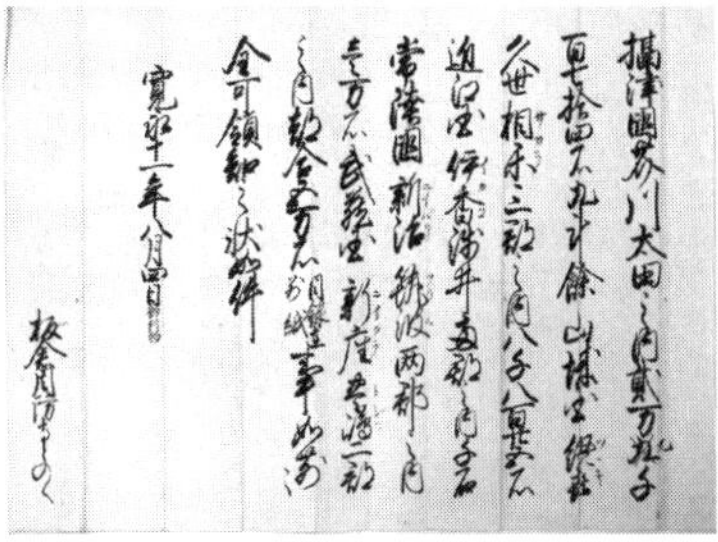

徳川家光朱印状写（高梁市歴史美術館蔵）

元亀年間（一五七〇～一五七三）、天正年間（一五七三～一五九二）、寛文年間（一六六一～一六七三）、元禄年間（一六八八～一七〇四）、幕末期と思われるものがある。

その他、次代の藩主安藤氏歴代の朱印状★が現存し、江戸時代を通じての檀紙作例として確認できる。また、後の藩主となる板倉氏は朱印状の写しを作成したが、天明五年（一七八五）の江戸時代後期の遺品として現存する。

備中広瀬（現岡山県高梁市広瀬）の紙師柳井氏が製造した檀紙は、戦国時代後期から江戸時代末期までの作例が伝来している。今後も製作の変遷などたどることができるだろう。

この時期、柳井氏は、特権的な御用紙師としてその地位は確立しており、檀紙の供給も安定していたであろう。

加えて、三折《みつおり》煙草が挙げられる。

煙草は、明応元年（一四九二）、コロンブスがアメリカ大陸に到達し、先住民の喫煙の風習を見てヨーロッパに持ち込んだことが世界へ広がったきっかけである。天文十二年（一五四三）ポルトガル船が種子島に鉄砲を伝えたとされるが、この時期に日本へ煙草は伝えられたと考えられている。慶長年間（一五九六～一六一五）から煙草、喫煙に関する資料が多く見られる。慶長十九年、二代将軍徳川秀忠が禁煙令を出しているほど、次第に浸透していったと見られる。

岡山県では、元和三年（一六一七）、美作国真庭《まにわ》郡上徳山《かみとくやま》村（現真庭市蒜山《ひるぜん》上徳

▼朱印状
江戸時代、将軍が公家、武家、寺社の領地を確定するために出された文書。場合によっては、「相給」という一カ村に複数の領主が知行を行っている例がある。ただし、一つの土地を複数の領主で経営する訳ではなく、土地の状況によって分割して領主に割り与えている。

山）に種子が入り、耕作が始まったとされている。延宝七年（一六七九）、江戸幕府は、それまで何度か禁煙令を出していたが、方針を転換し、栽培を奨励し商品作物として認めた。元禄年間（一六八八～一七〇四）には備中地方で煙草栽培が一般化したことからも、水谷氏時代には盛んになったと考えられる。

その後、宝永年間（一七〇四～一七一一）四国遍路により葉煙草の一種「ちさ葉」が伝わり、阿賀郡草間地方（現新見市草間）で栽培が始まり、それまでの備《びっ》中《ちゅう》葉《ば》とともに栽培品種として加わった。

以後煙草は、商品作物として、備中の山岳地帯で盛んに栽培され、この地方の農村経済を支える重要な産物となった。宝暦三年（一七五三）に成立した『備中集成志』に松山の特産物として「三折煙草」が掲載されており、備中の特産品の一つとしての地位を確立していたようである。

葉煙草の天日干し
（高梁市郷土資料館蔵）

②

城下町の確定と備中松山城の修築

江戸時代に入って段階的に整備されてきた備中松山城とその城下。
泰平の世の中で経済は発展し、商家町が大きく拡張し城下町が完成する。
そして、備中松山城は現在に伝わる姿となる。

商家町の拡張

池田氏時代の城下町は「正保城絵図」で見られるものでほぼ固定していた。ちなみに、武家町は、この後細かな道筋が変更されるものの、その範囲は、ほぼ確定しており、六万五千石の大名であった池田氏の家臣団が暮らすのに十分な規模であったと考えられる。城下町の境は現在の「ハナミズキ通り（旧牢屋小路）」までで、そこから南は田畑が広がっていた。

商家町は水谷氏時代に格段に広げられたことがわかっている。新田開発による藩の経済力の上昇、備北地域の特産品の増加による商取引の活性化、水運の基盤、制度の整備による物流の活発化などが理由である。

それまでの本町、下町、新町、鍛冶町（職人町）に加え、二代水谷勝宗によっ

紺屋川から臥牛山を臨む

て、寛文十年(一六七〇)に南町、貞享二年(一六八五)に東町が取り立て(建設)られた。特に南町は、茶の独占販売権が与えられたほか、牛市場が設けられ、備北地域産の牛の取引が盛んに行われ、昭和時代後半まで続けられていた。

この商家町は「城下六町」と呼ばれた。この内、南町の一部と東町を除いた五町は、備中松山城下で税の免除など特権を持った商家町で、歴代藩主にも既得権を主張してその地位の安定化を図っている。水谷氏時代に確定した商人の既得権、継舟制などの制度や社会基盤は水谷以降も先例として尊重された。

寺社への寄進

江戸時代以前の為政者は、神仏に対しての祭礼について、それ以後の為政者とは比べものにならないほど、真摯に向き合っている。政教分離の問題も指摘されるかもしれないが、宗教的理念が政治的判断に影響されることが少ないのが江戸時代幕藩体制下の政治の在り方ではなかったかと思われる。しかし、儀礼としてはかなり日常生活に支配的な影響を与えていた。

備中松山藩で象徴的なものは、臥牛山天神の丸に鎮座していた天神社である。現在は礎石のみを残して、史跡整備されたものを見ることができる。また、御神体は麓の龍徳院に移され、臥牛天神社として祀られている。

天神社本殿跡

しかし、少なくとも天神社は、毛利氏時代から江戸時代終末期まで拝殿本殿とも維持されていた。各時代の城絵図を見ると、この場所には必ず建造物が描かれ、その姿は朱塗りの柱に白壁、拝殿本殿を備えたものであった。時代は下るが、板倉氏時代の寛政五年（一七九三）に奉納された石造の手水鉢も残されている。

もう一つ象徴的なものは、備中松山城天守二階に祀られた宝剣の存在である。備中松山城の修築の項でも紹介するが、この宝剣は三振あり、現在も刀身、こしらえともに伝来し、岡山県重要文化財に指定されている。

作刀は領内の刀工水田国重《みずたくにしげ》で、水谷勝宗の備中松山城修築時に作られた。刀身には、摩利支天《まりしてん》、毘沙門天《びしゃもんてん》、愛宕大権現《あたごだいごんげん》など九柱の神々の分身が移された。いずれも水谷氏の本貫地であった下館に祀られている神々である。

この他にも、水谷家の菩提寺として玉叟山定林寺《ぎょくそうざんじょうりんじ》の建立が挙げられる。大名家の所替えが多かったこの時代、家によっては、菩提寺を領内と江戸に持っていたり、本貫地に菩提寺を残し、位牌寺として別の寺院を大名家とともに移動させたりすることがあった。

水谷氏規模の大名は所替えを命じられる可能性が高かった。しかし、水谷氏は定林寺に墓所を設けた。これは、その後の所替えを前提に寺院建立をしていたとは考えにくい。下館にも同山号、同寺号の菩提寺を持っていたが、その定林寺は水谷氏とともに移動させることはなかった。水谷氏は祭祀に関して利便性を持ち

備中松山城天守御社壇

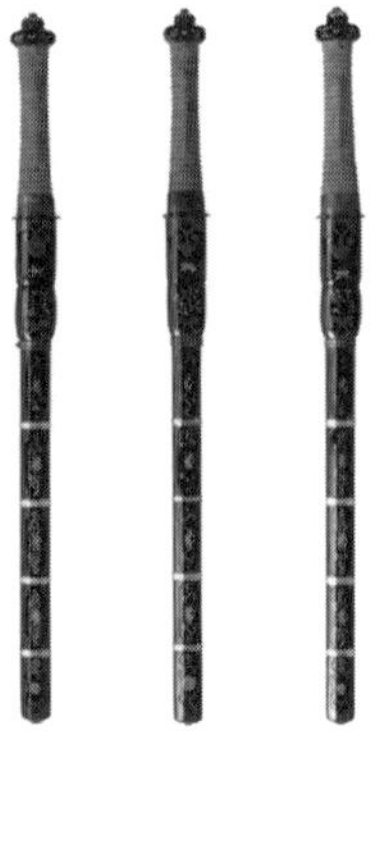

宝剣拵三口（高梁市歴史美術館蔵）

込んでいないのである。

　外様の大大名は、世の中が安定してくると、所替えの可能性が低くなったせいか、大規模な墓所を造営し、現在もその威容を誇っているものも少なくない。しかし、中小の譜代大名は江戸時代後期にいたっても所替えが繰り返されていたため、その対策として位牌寺のみ移動させ、祭祀が滞ることのないように対策していたと見られる。

　江戸においても寺院に寄進を行い、現在も歴史的建造物として知られているものがある。それは、東叡山寛永寺境内にあった不忍池弁天堂（現東京都台東区上野公園）である。寛永二年（一六二五）、幕府が寛永寺建立を行い、南光坊天海《なんこうぼうてんかい》にその指揮を委ねた。寛永寺は比叡山延暦寺を模して建立され、不忍池は琵琶湖、弁天堂のある島を竹生島《ちくぶじま》に見立てた。この弁天堂は水谷勝隆の寄進でできたものである。第二次世界大戦で焼失したが、昭和三十三年（一九五八）再興されている。

　水谷氏は祭祀に対して真摯であったことは、菩提寺に利便性を求めない態度からも伺われるが、領内の寺社に対しても同様であった。特に、新たに開発された玉島の地には、出羽三山《でわさんざん》をご神体とした羽黒権現を勧請し、羽黒神社を建立、この地域の鎮守としたことが挙げられる。勧請地は元々阿弥陀島という小島であったが、玉島港を中心とした町は、この島を起点に開発が進められた。そこに鎮守を置くことは、新たに移り住む人々の拠り所として、町づくりに大きな意味があ

東京不忍池弁天堂（PhotoAC）

る。玉島の人々にとって、水谷三代は、創造神であるとの思いから、羽黒神社境内には三代を祀った水谷神社も建立されている。

この他にも、領内の寺社に多くの寄進がされた。神社は建造物の建立が盛んに行われ、規模の小さい神社にまでおよんでいる。そして、現在も多くの神社には、水谷氏が寄進をした証明として棟札が残されている。

寺社への寄進は建造物の建立だけでなく祭礼にも力を入れ、祭礼は武士だけのものではなく、庶民にもおよんだ。現在も続く、高梁の伝統行事「備中たかはし松山踊り」は、城下八幡神社（現高梁市和田町）の盂蘭盆会《うらぼんえ》のいわゆる「盆踊り」として、慶安元年（一六四八）、水谷勝隆の時代に始まったとされている。当初は、八幡神社境内で踊られていた「地踊り」がもっぱらであった。後に松山六カ町の辻々で踊られるようになり、城下町人の間に浸透していった。現在はJR伯備線備中高梁駅前の大通りで八月十四日～十六日にかけて行われている。この踊りは、岡山県下最大の盆踊りとして、岡山県無形民俗文化財に指定され、親しまれている。

水谷氏の検地

江戸時代以降、一つの土地に複数の所有者がいた中世とは異なり、一つの土地

玉島羽黒神社

に一人の所有者を原則に土地経営が行われるようになった。★土地を支配する近世大名は、土地支配の実態と収穫高を正確に把握し、石高に拠る藩運営を円滑に行なわなければならなかった。水谷氏は表高五万石の大名として領地を幕府から安堵されていた。幕府から安堵される領地も検地によって米の収穫高を把握し、それに基づいて土地の分配を行っている。しかし、大名の領地支配は大名の裁量で石高の増加や特産物の奨励などは自助努力で拡大することができた。

ちなみに、各大名は幕府に直接租税を納める義務はなかった。あくまで安堵された領地は、その範囲内で徴税権も警察権も含めて委任されており、安定的な藩運営を行うことができた。ただし、参勤交代や河川や海岸、徳川の城郭の普請など「御手伝い」と称して人員、費用を負担するという義務は負わされた。

水谷氏は新田開発に力を入れ、石高を飛躍的に増加させることに成功した。開発して増加した土地は一〇〇〇町歩におよび、東京ドーム約二一四個分の広さに達した。この時代は、全国でも大開発の時代であり、戦国時代の復興も意味したことであろう。こうした急激な石高変動のため、領内で正確な収穫高を把握することが必要であった。そのため、内検と呼ばれる検地が、何度か行われていたものと見られる。寛文元年（一六六一）には七万五千九百石余り、後に八万六千石余りとなっており、確実に表高よりも多い収穫高を獲得していたのである。

また、検地は領地内だけではなく、幕府の命令によって行われた幕府領に対す

▼場合によっては「相給」という一カ村に複数の領主が知行を行っている例がある。ただし、一つの土地を複数の領主で経営するわけではなく、土地の状況によって分割して領主に割り与えている。

ることもある。水谷領に隣接する幕府領がその対象で、延宝五年（一六七七）に行われた。幕府の主導する検地はおおむね厳しく行われるが、水谷検地と呼ばれたこの検地も例外ではなかった。この検地は、「古検《こけん》」と称し、この地域での先例として重要視され、これ以後の土地台帳の基本として江戸時代を通じて機能し、近代にいたるまで大切に保管された。

備中松山城の修築

水谷氏三代は、備中国内の領地で大規模な新田開発を行い、高梁川、玉島港を中心とした水運の基盤、制度を整備し、領内の寺社への寄進を広く行い、普請、作事はほとんど行い尽くした感がある。特に二代勝宗の治世で達成したと考えてよいと思う。そして、最後に残った大きな事業が備中松山城の修築である。

備中松山城は、先に紹介した通り、小堀遠州が備中国奉行から河内国奉行に転任になる時には、破城あるいは放置によっての自然倒壊状態ではなかったかと考えられる。また、次の池田氏二代でも城下町建設は積極的に行われていたが、「正保城絵図」に描かれた姿を信じるならば、山城部分には限られた建造物しか存在せず、御根小屋（正保図では居屋敷）のみが「御殿」として機能していたと考えられる（正保城絵図では居屋敷も限られた建造物しか表現されていないが）。

備中松山城御根小屋跡（現高梁高等学校）

水谷氏の城修築は、もちろん軍事目的ではない。大坂夏の陣から六十五年余り経ち、島原の乱からも四十年余りを経た、天和元年にあって、平和を謳歌する時期にある。

では、何故城なのか。それは、慶長二十年（一六一五）の一国一城令以降、備中松山城は縄張は維持されているものの、施設は整っていなかった。そこで、城を修築し体裁を整えることで、城持ち大名の権威付けを図ったと思われる。

とはいえ、築城は、幕府によって厳しく制限されていた。特に慶長二十年に幕府から出された一国一城令や「武家諸法度」にも明記されている。しかし、修築は届け出によって許されることもあった。備中松山城は修築として申請されたものであった。備中国には、この他に大名家の城は存在していなかったことも幸いしているのではないだろうか。許可される要素は、いくつかあるものの、修築の申請は、仏に祈りを捧げるほど困難と思われたのも事実である。歴代大名の祈禱寺であった松連寺の文書には、築城許可の祈禱を行ったことがわかる古文書が残されており、備中松山城の修築が勝宗の悲願であったことが伺える。

水谷氏時代の竣工時の具体的な姿は、写本の絵図、後の石川氏時代の加藤家文書（亀山市歴史博物館蔵）に含まれる絵図や寛延二年（一七四九）四月板倉氏時代初頭に書き上げられた「寛延二年四月相改候覚」などから推察できる。

備中松山城、同御根小屋が完成した翌貞享元年（一六八四）、勝宗は、譜代大名

備中松山城天守

の列に加えられた。

この時、城が完成したことによって、城に備えられる弓矢、槍、鉄砲、甲冑などの数が規定されたことも重要である。

後の石川氏、板倉氏の所替えの時、取り交わした「松山城附御武具帳」には備中松山城に備えられた弓矢をはじめとした諸道具などの種類や数を書き上げられている。その数量は、水谷勝美時代のものを基本としており、正徳元年（一七一一）石川家が備中松山に来た時にもそれを受け継いでいる。新たに増えたものは、別に書き上げている。板倉氏側にも同帳が残されており、この時、前任者であった石川家中の馬場彦大夫の名前が見え、双方立会いのもと作成されたと見られる。弓矢、槍、鉄砲、甲冑など員数や保管場所も明示されている。

このように、水谷氏時代は、備中松山城の姿、城下町の範囲の確定、それに加えて軍事にかかわる備品についても確定したことになる。つまり、現存する備中松山城の建造物（天守、二重櫓、三の丸東土塀、大部分の石垣）は水谷氏時代のものである。

水谷氏断絶と城請渡し

備中松山城完成から五年後、水谷勝宗が卒去。嫡子勝美《かつよし》が跡を継ぎ、三代目と

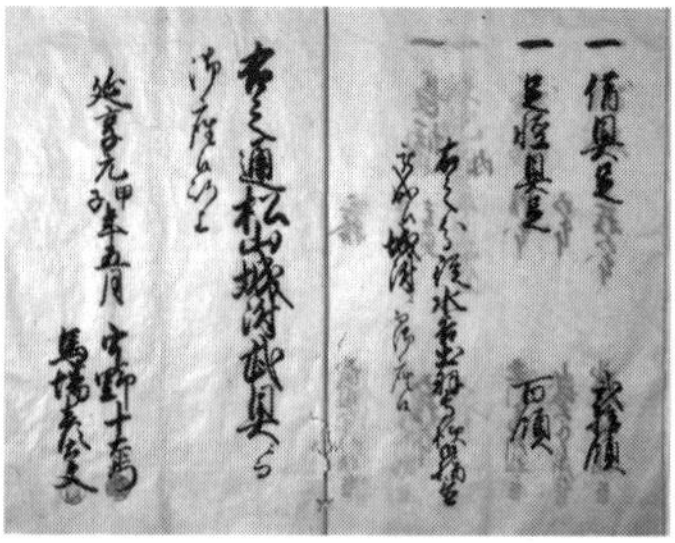

資料を開いたもの

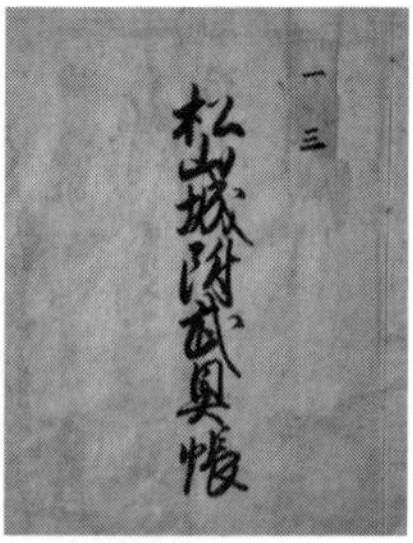

松山城附武具帳
（高梁市歴史美術館蔵）

なった。彼も死去するまでの五年間、勝隆、勝宗が蓄積したものを受け継ぎ、備中松山藩の繁栄に努めた。元禄六年（一六九三）、勝美は、三十一歳の時、病となり、実子がいなかったため、従兄弟水谷勝皐《かつおか》の長男水谷勝晴《かつはる》を養子とし、備中松山で卒去した。しかし、この勝晴も、幕府より遺領を賜る前に十三歳という若さで卒去した。藩主の死後に養子を立て相続を行うことは禁じられていた（末期養子の禁）ため、水谷氏は断絶することになった。

江戸時代初頭の御家断絶、改易に伴う城請取りは、複数の大名が、対象の大名領を包囲するように選ばれ、幕府の圧倒的な軍事力、経済力を背景に行われた。福島正則の事例は典型的である。

これに対し、幕府統治が安定した江戸時代前期以降、断絶した大名の領地収公には、多くの場合、近隣、あるいは、姻戚関係のある同じぐらいの規模の大名に城の請取りが命じられる例が多い。

備中松山城の請取りには、播磨赤穂藩主浅野《あさの》内匠頭《たくみのかみ》長矩《ながのり》が任命された。かつて、水谷勝隆が播磨赤穂藩池田氏の断絶時に赤穂城を請取り、次に迎え入れられたのが浅野氏であった。浅野氏は五万三千石と石高も水谷氏と拮抗している。加えて、浅野氏は水谷氏が下館を治めていた頃、東隣の笠間《かさま》（現茨城県笠間市）を治めていたことも理由の一つだろう。

こうしたことは、大名間の争いに対して抑止力が発揮される条件ともいえる。

赤穂城跡

親戚や交流の深い者に対しては敵対しにくい。その上、戦力が拮抗していれば戦ってても互角になるため争いは起こりにくい。幕府の巧みな配慮といえるだろう。

この請取りは、浅野家中でも大きな出来事であり、家臣千人余りが出張し、長矩自らも備中松山へ向かった。この時、家老大石内蔵助《くらのすけ》良雄《よしお(たか)》が藩主に先立って、備中松山へ入っている。その他、後の赤穂事件に伴う赤穂四十七士の内、原《はら》惣《そう》右《え》衛門《もん》、近松勘六《ちかまつかんろく》、勝田新左衛門《かつたしんざえもん》が在番し、潮田又之丞《しおたまたのじょう》、早水藤左衛門《はやみとうざえもん》、岡《おか》嶋《じま》八《や》十《そ》右《え》衛門《もん》、不破数右衛門《ふわかずえもん》、武林唯七《たけばやしただしち》、茅野三平《かやのさんぺい》、倉橋伝助《くらはしでんすけ》、岡野金右衛門《おかのきんえもん》、横川勘平《よこかわかんぺい》、神崎与五郎《かんざきよごろう》、杉野十平次《すぎのじゅうへいじ》、また堀部弥兵衛《ほりべやへい》、間瀬孫九郎《ませまごくろう》がかかわっている。

水谷氏側の代表は家老鶴見内蔵助であったとされる。後に、赤穂事件との因縁によって「両内蔵助」の逸話として伝えられる交渉はこの時行われた。「両内蔵助」の逸話は、史実と歴史物語が異なる場合があることの例ともいえる。大石は、諱を良雄、通称（仮名《けみょう》★）は「喜内《きない》」という。「内蔵助」は大石家当主の「通り名★」であった。

また、この時交渉にあたった水谷家家老鶴見氏は「内蔵助」ではない。鶴見内蔵助は元禄三年に死去している。元禄七年には、鶴見良直《よしなお》が家老を務めており、通称を「権弥《ごんや》」と称した。鶴見内蔵助の「内蔵助」は大坂の陣以来鶴見氏三代に用いられた通り名である。家老職も勝隆以来三代にわたり務めていたことは事実

大石内蔵助像（赤穂大石神社）

▼通称（仮名）
実名とは別に日常で使われる名前。

▼通り名
一家の主人が先祖から代々受け継いで用いる同一の名前。

で、元禄三年の『武鑑★』にもその名が見える。しかし、数年の差で水谷氏断絶に遭遇していなかったのである。歴史物語は語呂のよさからこの名を用いたと見られる。

それはさて置き、大石、鶴見両氏により、無事に城の請渡し、請取りが行われた。そして、大石は安藤重博《しげひろ》が上野高崎から移るまでの一年七カ月の間在番を務めた。この時の功績は大石が家中で認められる転機にもなった。

元禄十四年三月十四日、江戸城松の廊下で浅野長矩が吉良《きら》上野介《こうずけのすけ》吉央《よしひさ(なか)》を切り付けた刃傷事件が起こった。浅野長矩は即日切腹、吉良はおとがめなしとなり、浅野家は断絶した。突然の出来事の中、家老大石良雄は赤穂城明渡しを滞りなく終えた。七年前に経験した備中松山城請取りが功を奏したといわれている。城請取りには、備中足守藩木下氏二万五千石、播磨竜野藩脇坂氏五万三千石に命じられたが、いずれも豊臣大名の後裔である。

その後、浅野家再興の悲願もついえ、大石のもと結束した赤穂浪士四七人が吉良邸へ討ち入り、本懐を遂げた。元禄十五年十二月十五日未明のことである。

これに対し、水谷氏は勝美の弟勝時に備中国川上郡（現高梁市備中町布賀）内に三千石が与えられ、旗本として再興した。鶴見良直は子息とともに勝時の家来として江戸で仕えたと伝えられている。また、水谷氏の領地を管理する布賀陣屋（同）に、次の水谷勝英の代になって、良直の外孫鶴見良喬《よしたか》が初代の代官となり、

▼**武鑑**
江戸時代に刊行された大名、旗本などの名鑑。

赤穂花岳寺赤穂四十七士墓所

以後、明治維新にいたるまで、鶴見氏が代官としてこの地を治めた。
その他の家中も大部分は常陸下館へ帰った者もいたが、新しく移ってきた安藤氏に召し抱えられた人々も少なくなかった。

元禄検地

もう一つ水谷氏断絶に伴って注目されることは、旧水谷領を対象に行われた検地である。行われた年号から元禄検地と呼ばれている。在番を浅野氏が行っていたが、検地は播磨姫路藩主本多忠国の家中によって行われた。この検地の結果、表高五万石の大名であった水谷領は十一万石余りの石高があることになった。

本来、大名の領地は、今風にいうと「高度な自治」が認められており、領地内の開発は大名の裁量に任されていた。しかし、相続する者がいない土地について、幕府は安堵する必要はなく、公領として幕府に返還される。その手続きが城の明渡し（城請取り）である。

幕府は、土地を収公した後、再編成するにあたって、土地分配の基本となる石高を改めて把握することが必要となる。そこで、幕府主導の検地が行われた。元禄検地は、その典型例である。検地は元禄七年（一六九四）四月から準備に入り、同八年四月に検地帳が旧水谷領の村々に下げ渡された。水谷氏でも自前の検地が

本多忠国廟屋（姫路圓教寺）

布賀陣屋長屋門

行われており、八万七千石余りが計上されており、表高五万石より遥かに高かった。しかし、元禄検地は、さらに二万石余り多く計上されたのである。

この結果、旧水谷領は、水谷氏より大きい六万五千石の安藤氏が中心に治めることになったが、それに加え、新見藩一万八千石で関氏の立藩、備中南部の他藩への分地、幕府領の増加などにあてられることになった。

以後、全国的にも国土開発は低調となり、幕藩体制が安定化する一方、貨幣経済の進展により様々な経済対策を幕府、大名とも迫られることになった。

この時作成された検地帳は元禄検地帳と呼ばれ、旧水谷領内の古検として重要視された。以後、江戸時代を通じて土地の基本台帳として機能し、近代にいたるまで保存された。実務用には、写しが作成されて、変更された内容は、これに書き込みがされる例もある。現在も江戸時代の村落単位で旧水谷領のものはほぼ現存している。

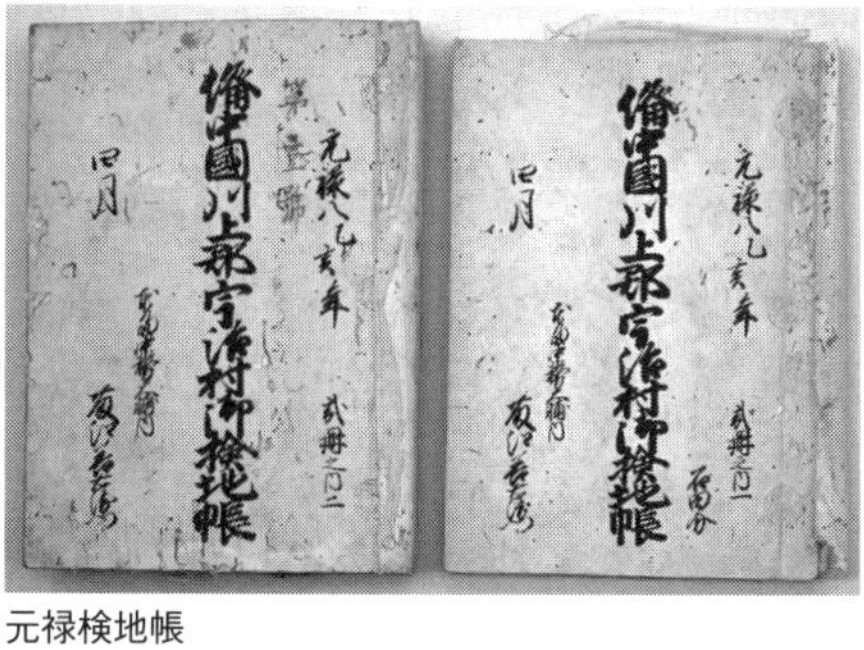

元禄検地帳
（高梁市歴史美術館蔵）

③ 領地再編と安藤氏の入封

元禄検地によって領地が再編された備中国で
最初に入封した譜代の名門安藤氏。
この時期の領地再編は後の時代の基礎となり、政治、経済を固定化する。

安藤氏二代

備中松山藩主となった大名の中で、安藤氏は十七年間という支配期間の短さと、水谷氏、板倉氏といった大名のように劇的な要素に乏しいため、あまり注目されずにきたのではないかと思われる。

しかし、備中松山藩の歴史を考えた時、安藤氏が支配した領地の大部分は後の石川氏、板倉氏の領地に踏襲されていることや、安藤氏以後、大規模な開発は行われず、経済的にも停滞期に入ったことなどを考慮すると、ハード面の確立が水谷氏時代であれば、ソフト面での転換期は安藤氏の時代ではないかと考えられる。

ここで安藤氏二代の事跡を見ておくことにする。

安藤重博《しげひろ》は、寛永十七年（一六四〇）、安藤重之《しげゆき》★の嫡男として生まれた。明暦三

安藤重博像
（個人蔵）

▼安藤重之
江戸時代前期の上野高崎藩二代藩主安藤重長の嫡男。藩主を継ぐことなく逝去。重博が重長の跡を継いだ。一六二三〜一六四一。

年（一六五七）、父重之が家督相続前に若くして死去したため、祖父安藤重長の上野高崎（現群馬県高崎市）の遺領を継ぎ、六万石を領した。この時、叔父の安藤内蔵助重好《しげよし》（後重広《しげひろ》）に五千石、同じく叔父の安藤重元《しげもと》の養子重常《しげつね》に千六百石を分け与えた。

　万治三年（一六六〇）、重博は堀田正信《まさのぶ》の城地没収に伴い、下総佐倉《しもうささくら》（現千葉県佐倉市）の在番として同地を守衛したのを皮切りに、幕府の仕事に従事した。

安藤氏略系図

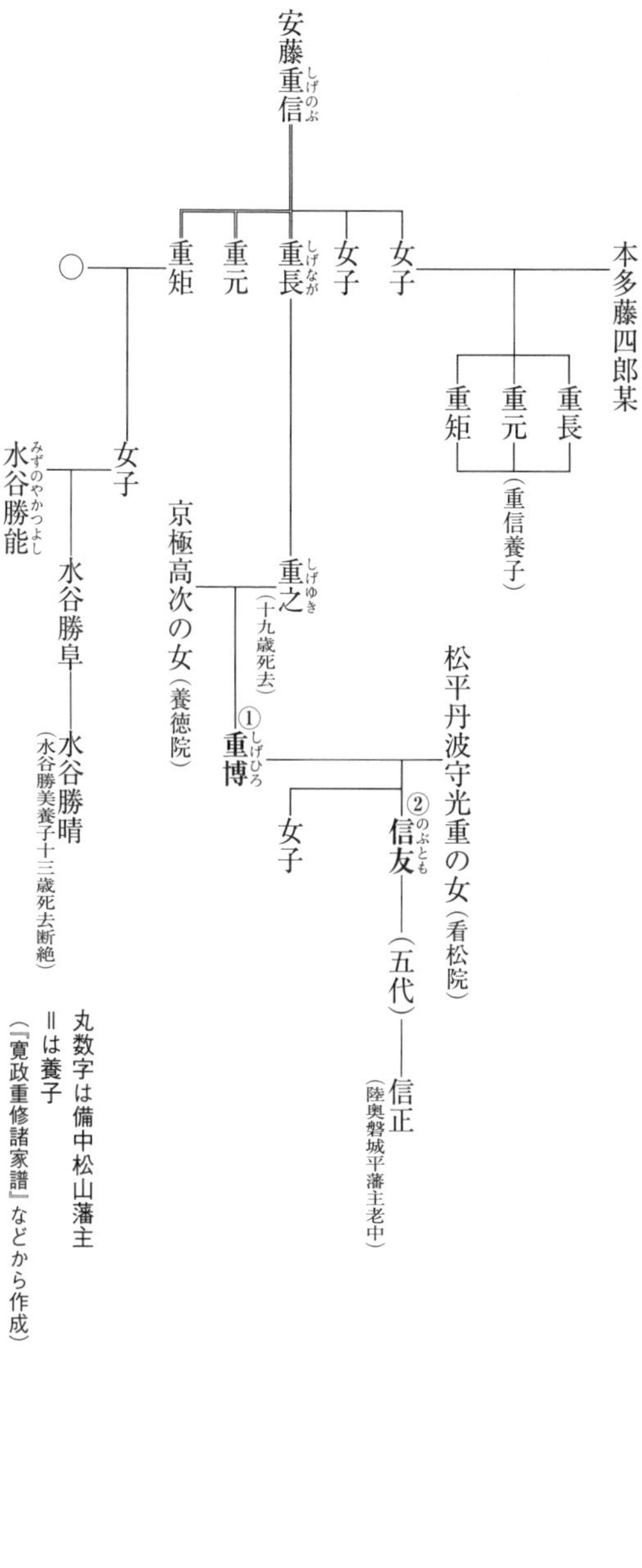

寛文四年（一六六四）に奏者番★となり、延宝四年（一六七六）に辞職している。

重博は元禄八年（一六九五）、水谷氏の断絶を受けて、上野高崎から備中松山に移され、五千石の加増を受けて、上房、川上、賀陽《かよう》、下道《かどう》、哲多《てった》、阿賀《あが》、浅口《あさくち》の七郡の内、六万五千石を支配したが、三年後の元禄十一年、五十九歳で卒去した。品川東海寺《とうかいじ》の定恵院《じょうけいいん》に葬られた。また、高梁寿覚院《たかはしじゅがくいん》に位牌が祀られている。

二代目の安藤信友《のぶとも》は、寛文十一年、安藤重博の嫡男として生まれた。天和元年（一六八一）、将軍徳川綱吉に初めて謁見し、貞享二年（一六八五）には従五位下長門守に叙任された。元禄十一年、父重博の卒去によって遺領を継ぎ、備中松山藩六万五千石を領した。宝永元年（一七〇四）には、奏者番となり、翌年には、許されて初めて江戸から備中松山へ赴いた。宝永六年、長門守から右京進《うきょうのじょう》に改め、同年寺社奉行★を兼任している。正徳元年（一七一一）領地を備中松山から美濃加納（現岐阜県岐阜市）に改められ、備中松山を後にした。安藤氏と備中松山藩とのかかわりはこの年までとなる。

信友個人について触れておくと、文化的素養の優れた人物としてよく知られている。現在も安藤家に伝承されている御家流茶道は大名茶の一つとして、信友によって元禄年間に確立されたものであった。また、松尾芭蕉門下の俳人でいわゆる蕉門十哲の一人宝井《たからい》其角《きかく》の門人筆頭に挙げられるのも信友であった。

▼奏者番
江戸幕府の職名。幕府の儀礼などをつかさどり、大名等が年始・節句・叙任などで将軍に謁見する時、姓名の奏上、進物の披露、下賜品の伝達などを担当した。家格一万石以上の譜代大名から複数名任じられ、交代で務めた。

安藤信友像
（個人蔵）

▼寺社奉行
江戸幕府の職名。全国の寺社およびその領民をはじめ、神官、僧侶などを統轄し、また、私領相互間の訴訟を受理したもの。奏者番である譜代大名から選任された。

備中国絵図の作成と銀札の発行

安藤氏時代の注目される出来事として、元禄十四年（一七〇一）に完成した備中国絵図の作成がある。これは、元禄十年、幕府から国絵図の改訂が命じられたためであった。

国絵図は、江戸幕府が諸大名に命じて作成させた旧国ごとの地図で、全国の絵図が作成された確実なものは、正保、元禄、天保の各年代のものである。

正保図では、国絵図とともに城絵図も作成された。正保国絵図は村ごとの石高、河川、道、一里塚、郡境、国境、城、陣屋、古城の位置などの基本情報の上に、領主の情報も記載されたものであった。

元禄検地の結果がそうだったように、全国的にも、大規模な開発によって、従来知られていた米の生産高が大幅に増加したことで、幕府は再度石高の正確な掌握が必要となった。正保図の他の情報も早い段階で多くの変更事項（地形、領主等）があったため、元禄十年に国絵図の改定が幕府から命じられた。この時、備中国の担当が安藤氏と木下氏であった。

備中国では重博に命が下り、信友に引き継がれた。備中足守藩主木下肥後守台《きん》定《さだ》と共同で行われたが、備中松山藩が中心となって作成された。

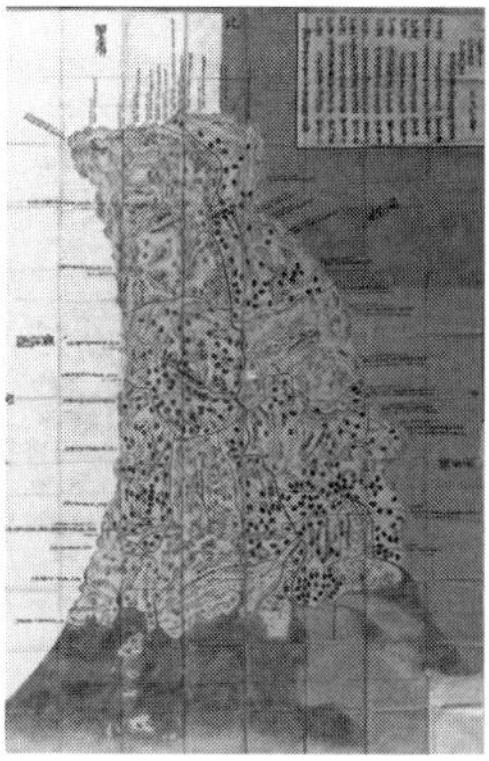

備中国絵図（高梁市歴史美術館蔵）

備中国絵図は、四年間をかけて地図が完成した。同時に村々の石高を記載した郷帳も改めて作成された。この時には領主の情報は省かれ、新たな検地（元禄検地）の結果を反映して石高が記入された。備中国の総石高は、慶長年間の十七万三千石から、二十三万石余りの石高となっていた。

絵図自体は良質の料紙を用い、狩野派の御用絵師が極彩色で細密に描いたもので、備中国絵図は縦約四〇〇センチメートル、横約二五〇センチメートルあり、折りたたんで郷帳とともに保管された。以降、この国絵図が備中国の石高、村数、地理的情報の基礎となり、幕末まで歴代の藩主に継承された。

藩主が変わり、領地の請取り、請渡しの時は、現地の管理だけでなく、国附きの文書として、国絵図と郷帳が引き渡され、厳重に保管された。幕府からの領地安堵の朱印状とともに、この絵図、郷帳を持つことは領地支配の根拠となった。

安藤氏に絵図は、厳重に保管されたが、安藤氏が備中一国支配を行った訳ではない。安藤氏以降の石川氏、板倉氏も同様である。そこで、国絵図とは別に、「備中松山領図」を国絵図にならって、別に作成し、支配していない村は空白として、自領の把握をしていた。安藤氏の後備中松山を治めた石川氏、板倉氏にもこの絵図は受け継がれたが、二氏は安藤氏より表高は少ない。そのため、後に省かれた村には上から白紙の付箋を貼り、実際の領地に合わせて改定していた。

この絵図を見る限り、安藤氏の支配地を基本として、石川氏、板倉氏の領地が定められたことが読み取れる。つまり、安藤氏の領地以外の村が、後の藩の領地として加えられたことがないということである。水谷氏では備中松山城、城下町や城附きの武具、諸道具の規模が確定されたが、安藤氏の時代には、領地の範囲が確定したことになる。

もう一つは、元禄十六年に恐らく備中松山藩では初めて藩札が発行されたことである。藩札は、寛文元年（一六六一）に越前福井藩が幕府の許可のもと、発行されたものが最初とされている（記録上の最初は、備後福山藩水野勝成が寛永七年に発行しているものを指す）。宝永四年（一七〇七）、幕府は札遣いを禁止しているが、享保十五年（一七三〇）には藩札発行の先例がある藩のみに発行を認めた。藩札の発行は兌換《だかん》★を原則としながらも、貨幣不足の緩和が主な目的であったから、安藤氏の時代にはこうした傾向があったと思われる。

この時、発行されたものは、そのまま次の備中松山藩主石川総慶《ふさよし》の代にも引き継がれている。元禄十六年の藩札に「享保十五年改」の印が押されているものが多く残され、安藤氏の次の石川時代にも藩内で流通していたことを伺わせる。石川氏は新たに発行年だけを替えて、まったく同じ図柄のものを発行している。

このように備中国の支配に際して、新たな石高が示されたこと、また、経済活動に新たな展開が見られることは注目され、今後の備中松山藩の歴史を顕彰する上でも、研究が必要とされる。

▼**兌換**
紙幣を額面通りの金銀貨に交換すること。

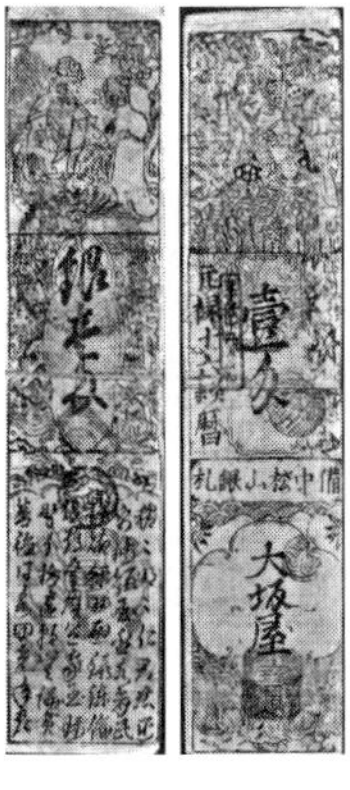

備中松山銀札（高梁市歴史美術館蔵）
表（右）と裏

その後の安藤氏

美濃加納に移った信友は、享保三年（一七一八）に大坂城代、享保七年には老中となっている。八代将軍徳川吉宗のもと、世にいう「享保の改革」の行われたまさにその時期であった。

しかし、一般的には、信友の政治面での活躍はあまり目立っていない。吉宗が信友に期待したことは、むしろ、文化的素養と、温厚な人柄であったと思われる。享保九年、六代将軍家宣の十三回忌の法要の惣奉行を命じられたり、享保十六年、将軍吉宗の嫡男家重の婚姻の時、結納の使いを務めたりと、儀礼の場面によく登場しているほか、吉宗の嫡男家重の補佐役を任命されたことは、このことを最も連想させる。家重は言語不明瞭で、大岡忠光★以外は聞き取れなかったというが、家重最側近の老中として、信友の存在は無視できないだろう。以来、死去する享保十七年までの十年間、老中職を務めた。

なお、陸奥《むつ》磐城《いわき》平《だいら》藩主で、幕末期に老中となった安藤信正（公武合体政策の推進、坂下門外の変などで知られる）は、安藤信友から数えて、七代目の当主である。安藤氏は上野高崎、備中松山、美濃加納、陸奥磐城平へと移り、信正は安藤氏にとっても、磐城平藩にとっても、この時期の重要な人物として知られている。

▼大岡忠光
江戸時代中期の幕臣、大名。幼少の頃から九代将軍徳川家重の小姓を務め、さらに若年寄、家重の側用人となった。一七〇九～一七六〇。

④ 石川氏の入封と備中松山藩

江戸時代中期、将軍権力の絶頂期にあって行われた享保の改革。
譜代大名石川総慶の入封でさらに固定化される備中松山藩。
時の将軍の方針は地方の藩政にも影響を与える。

石川氏の出自

石川氏は源義家《よしいえ》★流河内《かわち》源氏で、義家の第五子義時《よしとき》の子義基《よしもと》が河内国石川郡石川荘（現大阪府羽曳野市付近）を所領として、石川氏を称したことに始まるといわれる。

義基から五代目義忠は、元弘元年（一三三一）に起こったいわゆる元弘の変★で後醍醐《ごだいご》天皇方となり、天皇方が敗北したため、下野《しもつけ》国都賀《つが》郡小山（現栃木県小山市）の小山《おやま》氏に預けられ、その孫朝成《ともなり》は外祖父小山高朝《たかとも》★に養われて、小山氏を称した。朝成から三代目政康《まさやす》の時、文安年中（一四四四～一四四九）に蓮如上人《れんにょしょうにん》★が下野国を訪れ、三河国《みかわのくに》に赴くのに従い、三河小川《おがわ》城（現愛知県安城市）に移った。

この時、石川氏に復姓した。

政康の子親康《ちかやす》は松平親忠《ちかただ》に召し出され、後、代々松平氏に仕えた。徳川家康が

▼**源義家**
平安後期の武将。八幡太郎と号する。現在の東北地方で起こった前九年の役、後三年の役で武功を立てる。清和源氏の嫡流。一〇三九～一一〇六。

▼**元弘の変**
元弘元年、後醍醐天皇による鎌倉幕府倒幕の武力政変計画。未然に露見し、天皇は隠岐に流された。

▼**小山高朝**
戦国～安土桃山時代の武将、大名。結城政朝の子、結城晴朝の父。結城氏は水谷氏のもとの主筋にあたる。一五〇八～一五七五。

登場するにおよんで、石川氏は譜代の家臣として、地位を固めていった。

石川氏は親康の曽孫家成《いえなり》、家成の甥数正《かずまさ》、家成の外孫忠総《ただふさ》といった徳川譜代として活躍した人々を輩出している。

石川総慶の治世

石川家は忠総の後、嫡孫の憲之《のりゆき》、憲之の次男義孝《よしたか》と続き、宝永七年（一七一〇）十月二十三日、憲之の曽孫で義孝の養嗣子であった総慶《ふさよし》が山城淀藩の遺領六万石を相続した。時に七歳であった。

翌正徳元年（一七一一）二月十五日、八歳の総慶は備中松山に所替えとなった。享保三年（一七一八）、総慶は、従五位下主殿頭に叙任。以後、延享元年（一七四四）、伊勢亀山に移されるまでの三十三年間、備中松山を治めた。その間の動向は家老加藤家に伝来した資料群（亀山市歴史博物館蔵加藤家文書）によって知ることができる。所替えに際しても、旧領の情報を持って移動したと考えられ、そのため、比較的多くの資料が残されている。

延享元年、備中松山の石川総慶と伊勢亀山の板倉勝澄《かつずみ》が入れ替えになり、総慶は曽祖父憲之の治めた亀山へ再び移ることになった。以後、石川家は幕末まで所替えが行われることはなかった。総慶は明和元年（一七六四）六十一歳で卒去。

▼蓮如上人
室町時代の浄土真宗の僧。本願寺第八世宗主。真宗本願寺教団を飛躍的に発展させた。本願寺中興の祖とされる。一四一五～一四九九。

江戸下谷《したや》の大久寺《だいきゅうじ》に葬られた。

石川時代の備中松山藩は、幕府の動きによく対応していた。これは幕府権力が安定し、極めて強力であったことを意味している。例えば、八代将軍徳川吉宗の時、解禁となった鹿狩り、藩札の発行には忠実に応じ、「鉢植え」となった所替えも整然と実行しているところからも伺える。

石川氏は、家成、忠総等の事跡を見れば、もっと幕府に重用されてもよかったかもしれない。領地経営も無難にこなしている。しかし、家成の甥数正が離反し、豊臣秀吉へ走ったことや、忠総の実父大久保《おおくぼ》忠隣《ただちか》の改易と江戸時代初期に家康の不興を買う事件に連座していたことは、石川氏にとって不利に働いたのだろう。

石川氏略系図

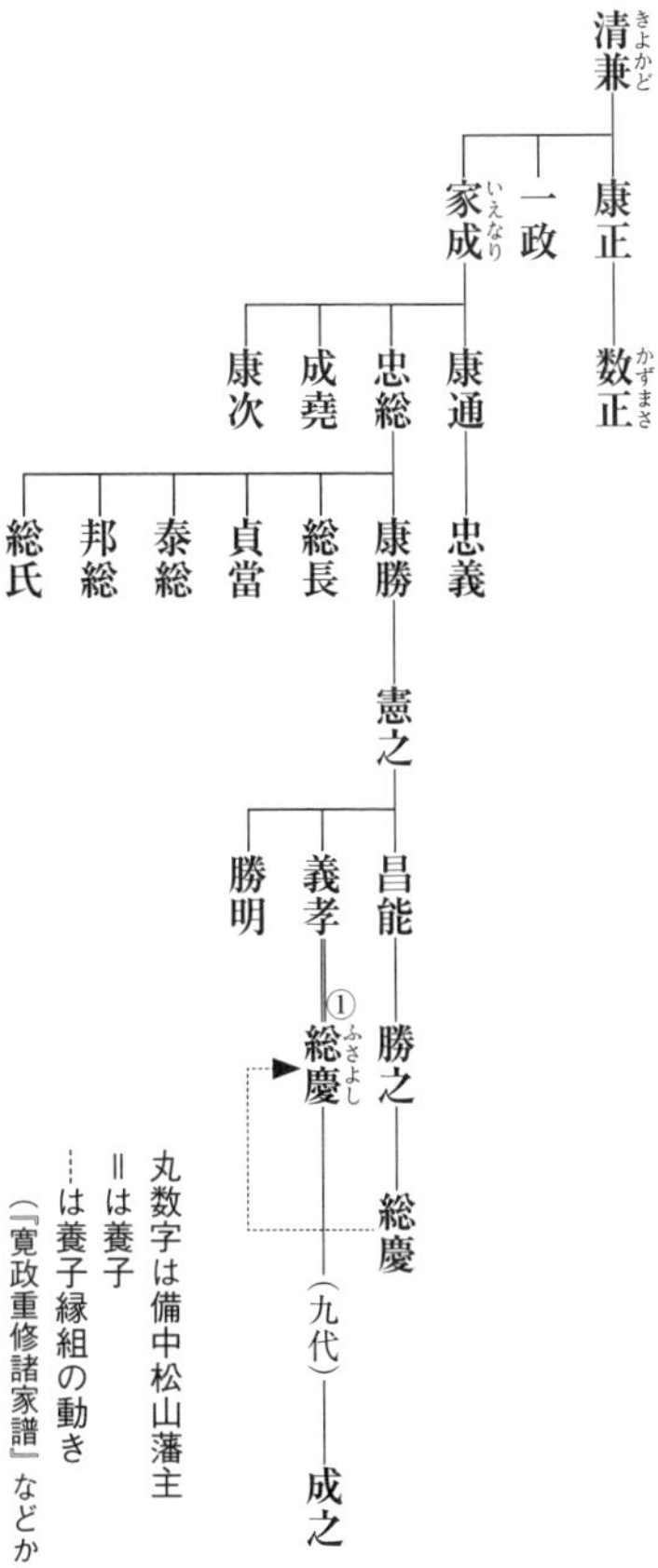

丸数字は備中松山藩主
＝は養子
……は養子縁組の動き
（『寛政重修諸家譜』などから作成）

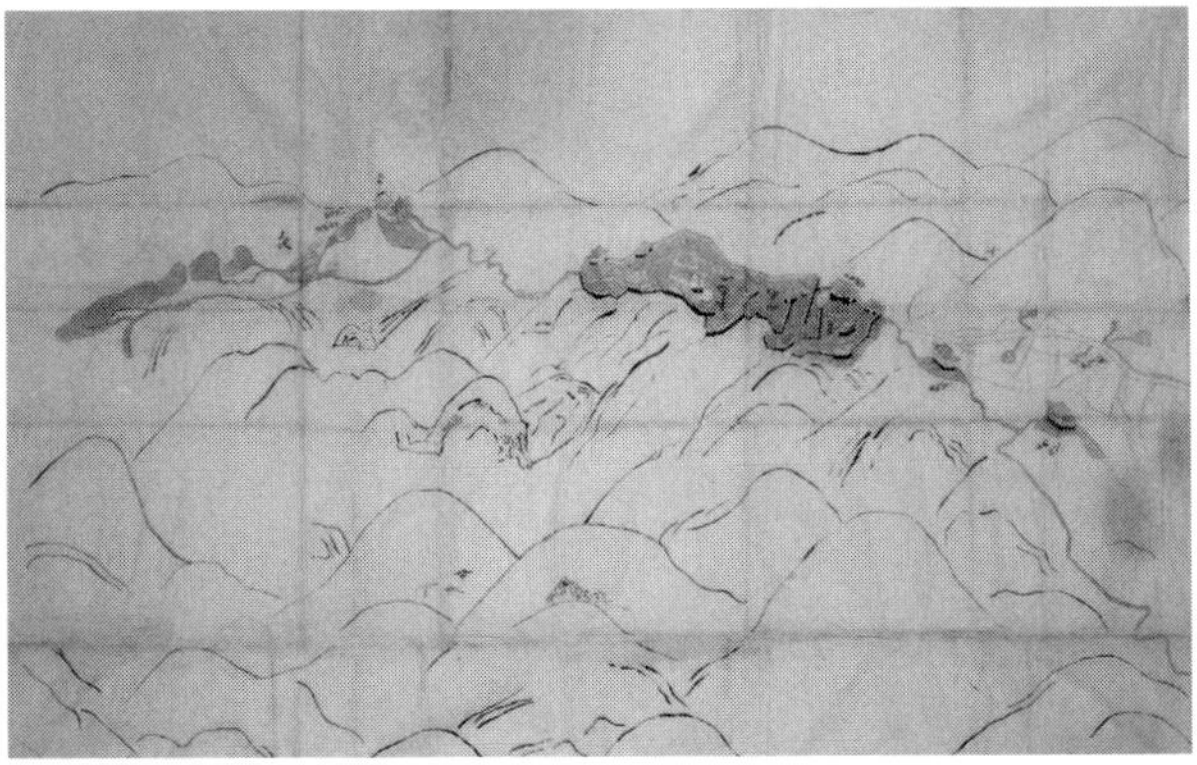

備中松山城石川家中屋敷割絵図（山城部分）
（亀山市歴史博物館蔵）

江戸時代中期の備中松山城とその城下

前項のように、家の不遇はあったにせよ、備中松山藩の経営は、比較的安していた。取り立てて大きな業績は伝わらないものの、三十三年間の治世を安定させていたことは、総慶以下、石川家中の成果と見てよいだろう。ただし、加藤家文書には、この時期の家老の日記が残されており、これの読解によって、備中松山藩の新たな歴史が復元されることが期待できる。

備中松山藩の象徴となった城は、加藤家文書に含まれる絵図からおおむね水谷氏時代と変わらないと考えて差し支えない。

これらは、家老であった加藤氏が公務に関しての覚えとして作成したものである。山城だけではなく、城下町の詳細な絵図も含まれており、当時の様子を詳細に見ることができる。

これらの絵図によると、山城は、南から見ていくと、馬酔木《あせび》の丸は「下ノたいこ」とあり、下太鼓の丸も「下のたいこ」と書かれており、表現がわかりにくくなっているが、現在確認されている縄張と同じ位置を示している。中太鼓櫓は「上たいこ」と書かれ、「下のたいこ」とともに、平櫓が描かれており、今残る遺構と合致する。小松山に目を向けると、天守の他、二重櫓、二から十の平櫓、大

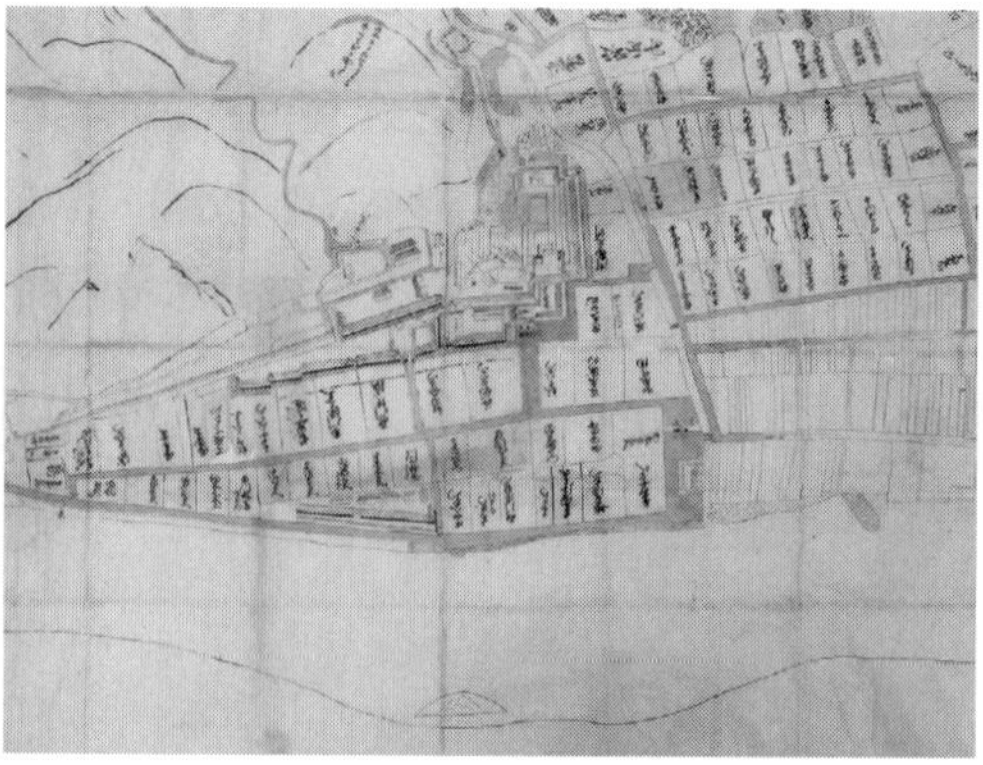

備中松山城石川家中屋敷割絵図（御根小屋部分）（亀山市歴史博物館蔵）

手門をはじめとする主要な門、土塀は、現存の遺構とほぼ同じ位置にある。

御根小屋を描いた加藤家文書の絵図は「備中松山城石川家中屋敷割絵図」一点のみである。御根小屋絵図はほとんどが、間取りを示した平面図で、屋根伏せなどの上屋の様子を知ることができる絵図はほとんどない。当時の建造物を伺うことができる唯一の資料である。御根小屋の敷地範囲や石垣については、現在岡山県立高梁高等学校となっている校地を見るとわかるが、古写真も確認されておらず、建造物の復元は困難である。

御根小屋は藩主の居館とともに政庁の機能を持つもので、勘定所や細工所なども御根小屋に付属しており、財政の中枢であり、家具や建具などの設えにいたるまで自前で行っていた。板倉氏時代には勘定所は会所として片原町北端に移転し、細工所もなくなり、藩主の私的な空間である御茶屋《おちゃや》となる。御根小屋は時代によって一部は用途を変更して使用されていたことがこの絵図と後の絵図との比較からわかるのである。

加藤家文書の内、城下町を記した絵図も「備中松山城石川家中屋敷割絵図」一点のみである。城下図は、いくつか散見されるが、町割り図以上のものは本図以外に江戸時代のものは極めて少ない。町割り図以上というのは屋敷地の一区画まで書き込んでいる絵図ということである。

この絵図は、武士が必要としたものであるため、武家町の屋敷地はだれが住んでいるか名前が書き込まれている。本丁（現高梁市内山下、川端町）には、加藤家をはじめ、家中の上級武士が名を連ねる。以下、家中の名前が記されている。

一方、商家町は、町割りと、敷地の割り付けは、線で表現されているが、名前は見当たらない。これは、町人層について、基本的には在地の者が住んでおり、家中に直接かかわりがないという立場があるからである。しかし、この絵図は、当時の土地利用が端的に把握でき、後に商家町の復元に対して重要な情報を持っている。

これとは別に、寺社についてはどうだろうか。備中松山藩では、神社は所替えによって藩主とともに移動しているという例はない。他方、寺院については、いろいろな場合があるけれども、石川氏、後の板倉氏では藩の移動と行動をともにする寺院がある。

石川氏の場合、石川氏の菩提寺は、京都の本禅寺《ほんぜんじ》（京都市上京区寺町通）、そして、大久保忠世が小田原に開基し、江戸下谷《したや》に移転された大久寺（現東京都北区田端）がある。本禅寺には、石川忠総から石川義孝（総慶の父）までの墓があり、大久寺には総慶以降の藩主の墓がある。

これとは別に、領地に常現山本久寺《じょうげんざんほんきゅうじ》を設けて藩主の菩提を弔っていた。この本久寺が、石川氏の所替えとともに移動している寺院である。しかし、この寺院は、藩主の墓を持たない。その代わり、藩主の位牌を持って、所替えに付き従っ

現在は板倉家菩提寺安正寺となっている本久寺跡

ているのである。備中松山が石川氏の領地であった時は、現在の慧日山安正寺《えにちさんあんしょうじ》(高梁市向町)の位置にあったが、伊勢亀山に所替えするにあたり、三重県亀山市御幸町の現在地に移り、石川氏が幕末まで伊勢亀山を治めたため、その後移動することはなかった。他に石川氏に関連がある寺院は、梅巌寺《ばいがんじ》と長州寺《ちょうしゅうじ》がある。いずれも現在の順正高等看護福祉専門学校敷地内(高梁市伊賀町)あったが、本久寺と同じく伊勢亀山へ移った。

後の板倉氏時代には、この場所にあった寺院は建造物も解体されたと考えられ、絵図を見ると矢場となっている。

伊勢亀山では梅巌寺(三重県亀山市市ヶ坂町)はそのまま移ったが、長州寺は、宗英寺《そうえいじ》(三重県亀山市南野町)と寺号を変え現在にいたっている。宗英寺には、樹齢六百年以上といわれるイチョウがあり、三重県指定天然記念物となっている。

このように、「備中松山城石川家中屋敷割絵図」から以上のことが読み取ることができる。今後、備中松山藩石川氏の時代は絵図を含む加藤家文書の研究によって、より詳細な江戸時代の姿を復元することができるだろう。

石川氏と鹿狩り

加藤家文書には、備中松山領内で行われた鹿狩りに関する資料が残されている。

石川氏では「鹿狩」、「追鳥狩《おいとりがり》」と呼んでいたが、幕府では「鷹狩」と称しており、徳川家康が好んだのも鷹狩であった。「鷹狩」と「鹿狩」、「追鳥狩」とは鷹を用いるかどうかで違いがあるが、おおよそ大掛かりな狩りを行い、同時に軍事演習を兼ねたもののことをいう。

江戸時代前期では家康、三代将軍徳川家光が好んで鷹狩を行っていた。転機となるのは、五代将軍徳川綱吉の時で、貞享四年（一六八七）に出された生類憐みの令が影響している。この法令は、儒教の影響のもと、生き物をみだりに殺さないことを一つの目的とした法令である。そのため、鷹狩のように、生き物を使役し、殺傷する行為も幕府が率先して禁止した。御三家と甲府藩が狩場を返上するといった例もある。

しかし、綱吉薨去の後、八代将軍徳川吉宗は将軍就任後間もない、享保元年（一七一六）、鷹狩を復活させている。質実剛健を旨とする吉宗は、体力の向上と泰平の世であっても軍事演習を挙行し、威信示すとともに武士の心構えの刷新とを促した。

こうした幕府の意向から、石川総慶は領内、特に備中松山城の東西南北の要衝と考えられる地域を狩場として大規模な鹿狩りを行っている。総慶が行ったのは幕府のような鷹狩ではなかったようである。

鷹狩は訓練した鷹を狩りに利用するもので、鷹匠《たかじょう》など専門的知識と技術を持

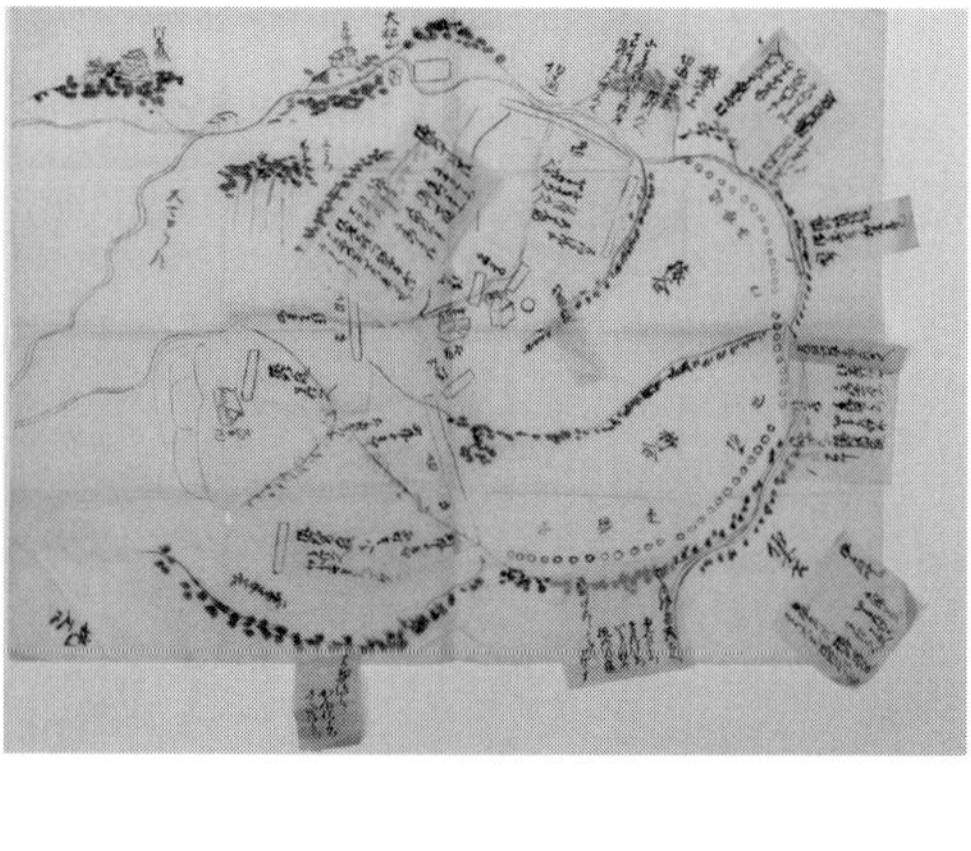

備中国松山領臥牛山狩場図
（亀山市歴史博物館蔵）

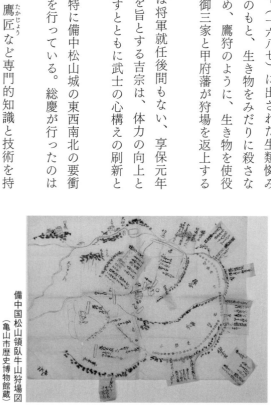

った人、何より鷹がいなければならない。鷹であれば何でもよいという訳ではなく、よいとされる鷹を訓練し、それを飼育していなければならない。これは極めて贅沢なことであった。

総慶が行った鹿狩りは、石川家中をはじめ、領内の村衆、町衆、猟師なども大掛かりに動員していた。また注目されるのは、狩場の場所である。合わせて五カ所確認されている狩場を紹介すると、次のようになる。

第一に臥牛山北東部の佐与谷に面した部分。

第二に臥牛山北部、高梁川、有漢川に囲まれた今津村（現高梁市津川町今津）周辺の山地を中心とした場所。

第三に臥牛山西部、高梁川右岸の近似村（現高梁市落合町近似、同高倉町大瀬八長）を中心とした山地と河岸。

第四に城下町南方広瀬村（現高梁市松山）の高梁川の湾曲に囲まれた河内谷南部、川上郡玉村（現高梁市玉川町玉）の対岸の山。

第五に城下町から南東、直線で約八キロメートル、岨谷村大小屋（現吉備中央町岨谷）を中心とした山地中の小盆地。以上である。

鹿狩が行われた場所は、同時に軍事の要地でもあった。要地ということでいえば、寺山城（現高梁市川面町）、鬼身城（現総社市山田）といった領内の古城にも目を向けられ、縄張図を残している。領内の軍事にかかわる地理は江戸時代中期と

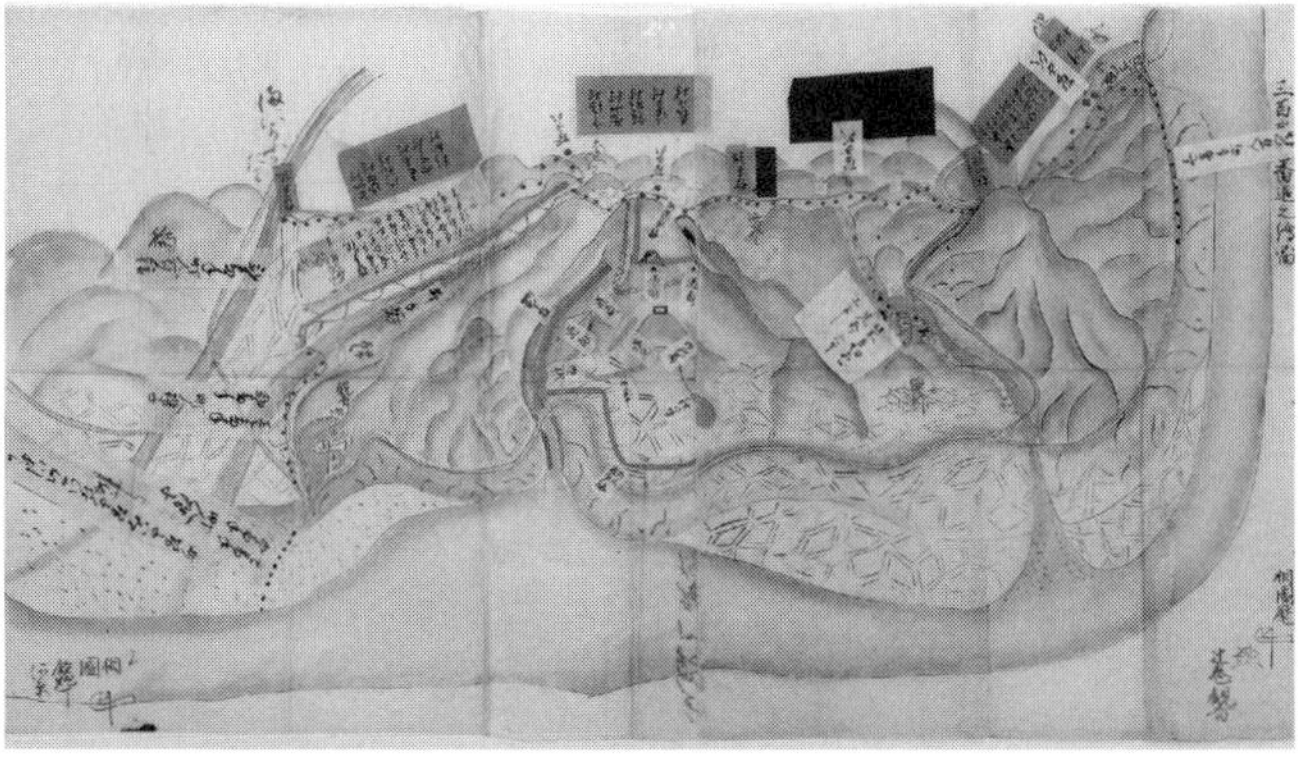

備中国松山領近似村狩場図（亀山市歴史博物館蔵）

いえども重要な情報であり、それを実のある形で把握し対処していた。

備中松山藩の城主交代

延享元年（一七四四）、備中松山の石川総慶と伊勢亀山の板倉勝澄が入れ替えになった。

この時、領地を交換するような形で行われたが、石川氏六万石、板倉氏五万石であったため、石川氏は備中国上房郡内（現高梁市、真庭市の一部）に一万石分残され所替えとなった。「備中国御残領《ござんりょう》」などと呼ばれ、中津井陣屋（現真庭市下中津井）を置いて治めた。

双方譜代大名で所替えが頻繁に行われていたため、その様式となる資料を作成し、持ち運んでいたことが知られている。

その他、「国附き」の資料と「家」の資料は明確に区分され、国絵図、郷帳、城附きの武具甲冑などは、常に城や武家屋敷同様残されていった。

板倉氏は藩札発行をそのまま石川氏を踏襲しているが、石川氏とは違い新たなものを発行している。財政はすでに厳しいものとなっていたと考えられる。旧領で四万両に余る借財を残し、そのまま、所替えに臨んでいた。

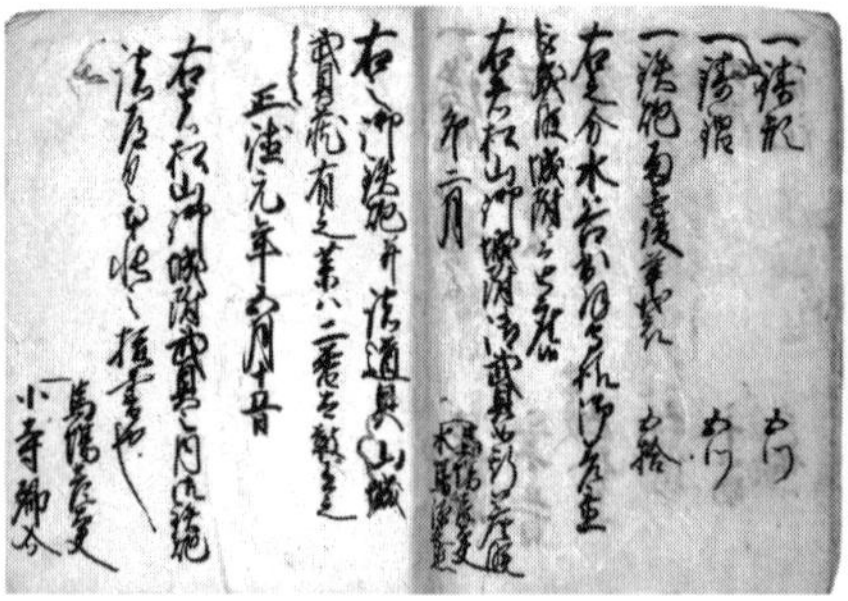

資料を開いたもの

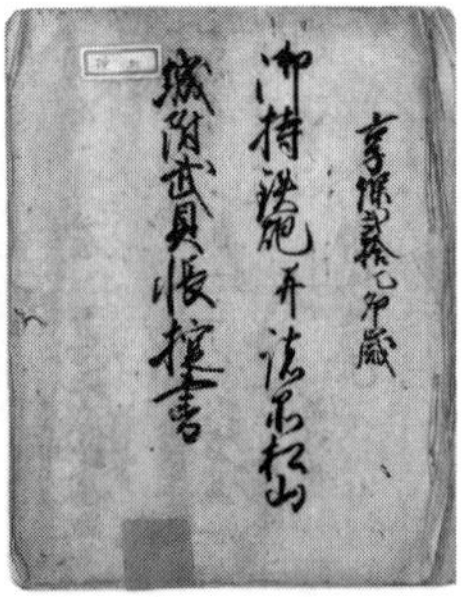

享保弐拾乙卯歳御持鉄砲并諸品松山城附武具帳掟書
（亀山市歴史博物館蔵）

これも備中松山

山中鹿介と備中松山

山中鹿介《やまなかしかのすけ》といえば、戦国時代、尼子《あまご》氏再興をかけて奮戦した、忠勇無比の武将として知られた人である。

一般的に備中松山で山中鹿介を語る時、それは彼の終焉の地がここ備中松山であったことが挙げられる。天正六年（一五七八）、鹿介は播磨上月城の戦いで、奮戦の末、毛利軍に降伏した。その後、毛利輝元の在所であった備中松山城へ移される途中、高梁川、成羽川の合流地にあった「阿井《あい》の渡《わたし》」で不意打ちにあい落命したのである。

山中鹿介像（月山富田城跡内）

現在も、観泉寺（現高梁市落合町阿部）管理地内に鹿介の胴塚とされる石塔が立つ。また、鹿介が落命した阿井の渡付近と考えられている場所（現高梁市落合町近似）に「山中鹿之介之墓」と刻まれた供養塔が建立されている。

山中鹿介胴塚（高梁市落合町阿部）

しかし、鹿介の尼子氏再興戦は、序盤には、月山富田城をあわや奪還する勢いであったし、その後も根強く伯耆国、因幡国で合従連衡を繰り返して、勢力を保ち続けた。それが永禄十一年（一五六八）から天正六年まで十年間続くのである。

尼子氏が隆盛を誇った晴久、義久の時代にも備中国内では尼子氏に与するもの、大内氏あるいは毛利氏に与するものとで多くの争奪が繰り返された。富田城落城後も尼子再興軍の影響力は強かったと見え、特に備中では、一時的に備中を代表する武将三村元親の勢力衰退したため、備前の宇喜多直家をはじめとして、尼子氏と同調し、三村側の諸城を奪う者が現れている。幸山城、猿掛城、才田城や備中松山城もその影響により三村方は一時的にせよ失っている。元親は、備中東部、南部でかなりの領域を削られたため、三村氏の後ろ盾であった毛利輝元は、毛利元清を派遣して加勢した。それでも苦戦を強いられたのである。

鹿介が独自に再興戦を展開したのは、天正四年までで、この年京都に上り、織田信長に助けを願っている。その後は、尼子勝久とともに羽柴秀吉を主将とする中国戦線での戦いに身を投じることになる。

かつて鹿介に同調していた宇喜多直家も尼子氏再興軍が弱体化すると、かつて宿敵であった毛利氏と結び、西進してくる織田軍、すなわち羽柴秀吉と干戈を交えることになる。その最前線で戦ったのが山中鹿介であった。

山中鹿之介墓（高梁市落合町近似）
正徳３年（1713）石川家中の前田時棟らにより建立

鹿介が最後に守った播磨上月城は播磨、備前、美作三国が接する地であり、いうまでもなく守るべき必要性のある要地である。一度宇喜多勢に陥落させられたにもかかわらず、再び奪還し、最後には毛利勢の猛攻により開城した。この時主将であった尼子勝久は切腹、鹿介は降伏の道を選んだ。

しかし、先に記したように、鹿介は無念の死を遂げる。降伏を受け入れたのは毛利両川の内、吉川元春であった。元春は総じて「忠」に優れた人に好意を寄せている印象がある。

降伏した鹿介は、この時毛利輝元が在城していた備中松山城に護送された。この時直接備中松山に送った場合、高梁川の左岸に到達し、渡河の必要がない。そこでまず、足利義昭のいた備後鞆の浦へ向かい、反転して松山へ赴いたとする説（藤岡大拙『山中鹿介』）があり、これであれば高梁川右岸から渡河して備中松山へ入ることになる。

余談であるが、歴史を扱った小説、映画やテレビドラマについて、時代考証の程度が議論されることがある。基本私はエンターテインメントとして楽しむことにしているので、あまり意識しない。むしろ、現代では歴史事象がどのように受け止められているかを見ることに興味を覚える。特に、小説、絵画にはその時代の空気感が顕著に表れる。

そうはいいながら、身近な歴史になると考証が気になることは否めない。あるテレビドラマでは、山中鹿介の最期を山中で襲撃される場面で表現されていたり、木曽義仲が備中国で平家に苦戦を強いられた場面も水島灘の戦いではなく、やはり陸上での戦で表現されていたりしていた。おそらく、水上の場面は映像にする時より手間暇がかかるだろうことは想像できるのだが、少し残念である。

いずれにしても、当初投降を許された鹿介であったが、毛利氏にとって後顧の憂いを断つために排除されたのは間違いない。

第三章　幕末の備中松山藩

江戸時代中期から幕末まで備中松山藩を治めた板倉氏激動の藩政を見る。

石火矢町通り

① 板倉氏の入封

江戸時代初期、名奉行といわれた板倉勝重、その子重宗。
その子孫であった備中松山藩板倉氏。
名門譜代大名の足跡を見る。

板倉氏の出自

板倉氏は下野国足利郡板倉郷（現栃木県足利市板倉町）に住んだ渋川義顕《しぶかわよしあき》を祖とし、十数代後の板倉頼重《よりしげ》の時、三河国額田《ぬかた》郡小美《おみ》村（現愛知県岡崎市小美町）に移り住み、松平氏に仕えたという。頼重の子好重《よししげ》は永禄四年（一五六一）、吉良義諦《よしあき》（義昭）と額田郡中島城で戦い討死。三河国碧海《へきかい》郡永安《えいあん》寺に葬られた。永安寺は後に長圓寺《ちょうえんじ》と改められ、さらに幡豆《はず》郡貝吹《かいふき》村（現愛知県西尾市西幡豆町貝吹）に移され、代々板倉氏の菩提寺となった。現在も歴代の墓が祀られている。

好重には忠重、勝重、定重の三子があり、忠重はすでに松平好景★に属し、勝重は幼少から出家しており、定重がその跡を継いだ。

しかし、天正九年（一五八一）、定重は遠江《とおとうみ》国高天神《たかてんじん》城（現静岡県掛川市）の戦

▼松平義景
戦国時代の武将。深溝松平氏二代。三河国額田郡深溝城主。一五一八〜一五六一。

いで、松平家忠《まつだいらいえただ》★に従い、討死してしまう。

このことにより、徳川家康は香誉宗哲《こうよそうてつ》と称し出家していた三十代半ばの勝重を還俗させ、板倉家を継がせて家臣とした。板倉氏の系譜は、多くの大名がそうであるように、戦国時代以前（勝重以前）の確かな史料に乏しく、その意味でも、勝重の登場は、名実ともに板倉氏の始まりと考えられる。

始祖板倉勝重の事跡

板倉勝重は三河国額田郡小美村に生まれた。幼少の頃すでに玉庵《ぎょくあん》和尚《おしょう》★について出家し、香誉宗哲と称して、三十代半ばまで曹洞宗の僧として過ごした。

天正九年（一五八一）、弟定重の死を機に、還俗し、板倉家を継いだ。初め渋川甚平《じんべい》などと称した。おりしも、仕えた徳川家康が浜松城から駿府城へ移り、勝重はそこで駿府町奉行となった。また、天正十八年には、家康が豊臣秀吉によって関東へ移封となり、この時には江戸町奉行並びに関東代官に任じられた。

慶長六年（一六〇一）、加藤正次、米津親勝とともに京都町奉行となるなど、勝重は家康のもとにあって、常に内政面について手腕を発揮していた。同年、家康によって畿内の諸大名に命じられた二条城普請では総奉行を務めている（小堀遠州は作事奉行であった）。

▼松平家忠
安土桃山時代の武将。高天神城攻めの時、普請の巧者として知られる。関ヶ原の合戦の前哨戦で鳥居元忠とともに、伏見城で討死。『家忠日記』を残す。一五五五～一六〇〇。

▼玉庵和尚
戦国～安土桃山時代の曹洞宗の僧。玉庵英琢。三河国加茂郡古世間村（現愛知県豊田市）大象山龍田院四世住職。生没年不詳。

板倉勝重像（長圓寺蔵）

慶長八年、家康は征夷大将軍に任じられ、江戸に幕府を開いた。この時勝重は正式に京都所司代《きょうとしょしだい》に任じられたと考えられている。

京都所司代は、朝廷、公家、寺社に関する庶務をはじめ、京都および周辺諸国の司法、民政を担当した。勝重が就任した当時、関ヶ原の戦いの直後で、大坂城には豊臣秀頼が在城し、豊臣恩顧の大名は西国を中心に配置されていた。また、朝廷、公家、寺社といった伝統的権威への配慮が必要とされ、その動向には細心の注意が必要であった。勝重は幕府権力の伸長に努力し、慶長十四年に起こった宮中での密通事件（猪熊事件★）を足掛かりに、朝廷に対する権限を拡大した。同年、加増され一万六千六百石の大名になった。また、金地院崇伝《こんちいんすうでん》★らとともに禁《きん》中並《ちゅうならびに》公家《くげ》諸法度《しょはっと》★、勅許紫衣之法度《ちょっきょしえのはっと》★、諸宗寺院に対する法などを出し、公家や寺社を徳川政権下に置くことに成功した。

大坂の豊臣氏や西国諸大名の動静は勝重から家康へ確実に伝えられ、大坂の陣のきっかけになった方広寺鐘銘《ほうこくじしょうめい》事件★では徳川方の協議に加わり、大坂の陣では物資輸送の任に就いた。

慶長十六年、二代将軍徳川秀忠の娘和子《まさこ》（東福門院《とうふくもんいん》）の入内の時の内裏造営では、米津清勝《よねづきよかつ》、大久保長安《おおくぼながやす》とともに、総奉行の任にあたった。京都市民に対しては徳川の恩顧を示す意味で善政を敷き、高い評価を受けている。

寛永元年（一六二四）京都堀川の板倉屋敷で卒去。三河国長圓寺に葬られた。

▼猪熊事件
江戸初期に起きた朝廷の廷臣と官女による密通事件。関係者の処分を朝廷が伝えてきたが、徳川家康の裁断によって決着した。幕府の朝廷介入の端緒となった。

▼金地院崇伝
江戸時代前期の臨済宗の僧侶。徳川家康に重用され、「黒衣の宰相」と呼ばれた。一五六九～一六三三。

▼禁中並公家諸法度
元和元年（一六一五）、江戸幕府の出した法令。金地院崇伝が起草した。皇室、公家、門跡（出家した皇族の入る寺院）の規定。

▼勅許紫衣之法度
慶長十八年（一六一三）高位の僧侶に贈る紫色の法衣や袈裟を幕府の許可のもと、天皇から贈られるよう規定した法令。

▼方広寺鐘銘事件
慶長十九年、豊臣秀頼により再建された京都方広寺の梵鐘に刻まれた文言の内、「国家安康」「君臣豊楽」の句が徳川家康に対しての呪詛であると徳川方が問題視して、豊臣方に詰問した事件。大坂の陣の口実になった。

長圓寺は、板倉一族の菩提寺で、始祖勝重は、肖影堂《しょうえいどう》という廟所に勝重の木像が安置され、像内には遺灰が納められている。

勝重の事跡を追うと、徳川政権成立期に西国を中心とした前時代の権威や勢力をいかに克服し、新しい幕府支配に組み込むか、ということに腐心していたかがよく伺える。勝重の成功（勝重は所司代を隠居するまで解任されなかった）は、江戸時代という新しい時代の土台となり、そのことで板倉氏が幕府機構の担い手の一部としての地位を確立する大きな契機となった。

二代板倉重宗の事跡

板倉重宗は、板倉勝重の長子として、駿府で生まれた。二代将軍秀忠に仕え、永井尚政《ながいなおまさ》★、井上正就《いのうえまさなり》★とともに近侍の三臣といわれた。関ヶ原の合戦では十五歳で出陣した。

慶長十年（一六〇五）、秀忠が将軍宣下を受けるため上洛した際には、これに供奉し、この時、従五位下周防守に叙任した。以後、重宗の子孫（宗家）はおおむね周防《すおう》守を名乗った。

慶長十九年、大坂冬の陣が起こると、徳川家康に属して、秀忠へ毎日その戦況を知らせた。翌年の大坂夏の陣にも従軍した。戦後、近侍と書院番頭★とを兼ね、

▼永井尚政
江戸時代前期の大名。山城淀藩初代藩主。徳川秀忠のもとで老中を務めた。一五八七〜一六六八。

▼井上正就
江戸時代前期の大名。遠江横須賀藩初代藩主。徳川秀忠のもとで老中を務めた。一五七七〜一六二八。

▼書院番頭
江戸幕府の役職。書院番は、江戸城殿中の書院の警固、将軍外出時の護衛、儀式の事務などにあたる。その隊長。

知行六千石となった。

元和六年（一六二〇）、父勝重の推挙で、京都所司代に就任。これは父の側近くで所司代の仕事を熟知し、慎重な性格であったためといわれる。所司代の特権であった与力同心を配下とすることを廃止し、役人を家臣が務め、二万七千石余りを与えられた。寛永元年（一六二四）、父勝重が卒去し、遺領一万石余りを継ぎ、三万八千石を領した。

寛永三年、三代将軍徳川家光の上洛に従い、後《ご》水《みずの》尾《お》天皇《てんのう》が御所から京都二条城へ行幸した寛永行幸などに功があり、翌年一万二千石の加増を賜り、五万石となった。以後、板倉宗家の表高となる。

所司代時には、父と同じく善政を敷き、寛永文化と呼ばれたこの時代の文化の保護者としても知られた。寛永十四年に九州で起こった島原の乱では、九州の諸大名の知らせをたびたび受け、京都所司代として幕府には届けず、大坂城代阿部《あべ》正次《まさつぐ》とともにはかり、一揆鎮定を各大名に返書で送った。この時、重宗の弟重昌が幕府の上使として九州に赴き、戦死している。

重宗は、父勝重とともに、名所司代として知られ、その施政や裁判記録を綴った「板倉政要」に大要が記されている。承応三年（一六五四）、所司代を辞職するが、後任の所司代の補佐役として翌年まで京都で過ごし、明暦二年（一六五六）、下総関宿《せきやど》城（現千葉県野田市関宿三間町）を賜り、同年この地で卒去した。父勝重

板倉重宗像（刈谷松雲院蔵）

と同じく三河長圓寺に葬られた。
重宗系統で長男重郷以降の系統は宗家として続き、備中松山にいたる。この系統の板倉家は家紋、受領名、石高なども重宗の時代に由来する。加えて、重郷の弟重形《しげかた》系統は、最終的に上野国安中（現群馬県安中市）で二万石を領した。

板倉氏の発展

備中松山板倉氏は、板倉宗家で高梁宗家ともいう。重宗の長子重郷が明暦二年（一六五六）、下総関宿五万石の遺領を継ぐ。寛文九年（一六六九）、四代重常の時、伊勢亀山（現三重県亀山市）へ、宝永七年（一七一〇）、六代重治の時、志摩鳥羽（現三重県鳥羽市）へ、京保二年（一七一七）、再び伊勢亀山へ移封となった。

延享元年（一七四四）、七代勝澄《かつずみ》が伊勢亀山から備中松山へ移り、勝澄以後、勝《かつ》武《たけ》、勝従《かつより》、勝政《かつまさ》、勝晙《かつあき》、勝職《かつつね》、勝静《かつきよ》と百二十年余り続いた。特筆すべきは幕末維新期、勝静の代であるが、後に詳述する。

明治二年（一八六九）、幕末維新の動乱の中、松山から高梁へ地名が変更された。藩領も五万石から二万石に減封されながら、一族の勝弼《かつすけ》を十四代宗家として迎え、高梁藩となり廃藩置県を迎えた。

板倉家は宗家とこの他三大名家と二旗本家が立てられるが、この内大名家を箇

板倉勝澄像像
（高梁市歴史美術館蔵）

単に見ておこう。

上野安中板倉氏は、重宗の二男重形をはじめとする。天和元年（一六八一）、上野安中で一万五千石を治める。元禄十五年（一七〇二）、重形の子重同の時、陸奥泉（現福島県いわき市泉）へ移る。延享三年（一七四六）、勝清《かつきよ》の時、遠江《とおとうみ》相良《さがら》（現静岡県牧之原市相良）へ移り、翌年、二万石へ加増と城主格となり、寛延二年（一七四九）、上野安中城を拝領した。勝清は十代将軍徳川家治のもとで、側用人から老中へと出世している。また、明和四年（一七六七）には三万石に加増された。

幕末には、板倉勝明《かつあきら》が出て、『甘雨亭叢書《かんうていそうしょ》』★を発刊し、小本の手軽さもあって、近代にかけて版を重ねた。また、同志社の創始者新島襄《にいじまじょう》は安中家中の出身である。

陸奥福島板倉氏は、勝重の二男重昌《しげまさ》を祖とする。重昌が寛永元年（一六二四）三河深溝《ふこうず》（現愛知県額田郡幸田町深溝）を治め、寛文十二年（一六七二）に重昌の嫡男重矩《しげのり》が下野烏山《からすやま》城（現栃木県那須烏山市城山）を拝領し、五万石となった。重矩の二男重種《しげたね》は老中となり、天和元年、武蔵岩槻《むさしいわつき》城（現埼玉県さいたま市岩槻区）を拝領し、一万石の加増をみたが、自身の後継者争いで家中が乱れ、信濃坂《さか》木《き》（現長野県埴科郡坂木町）五万石に転封となった。

天和三年、重種は隠居に伴い、叔父重直《しげなお》の養子になっていた実子の重寛《しげひろ》に家督を継がせ、三万石を与え、兄重良《しげよし》（廃嫡）の子重宣《しげのぶ》に二万石を与え上総高滝《かずさたかたき》（現千葉県市原市大和田）に分封している。後の備中庭瀬《にわせ》板倉氏である。

▼『甘雨亭叢書』
弘化二年（一八四五）～安政三年（一八五六）まで刊行された近世日本の新井白石、室鳩巣、伊藤仁斎など著名な儒者の考証や随筆を収めた叢書。

板倉氏略系図

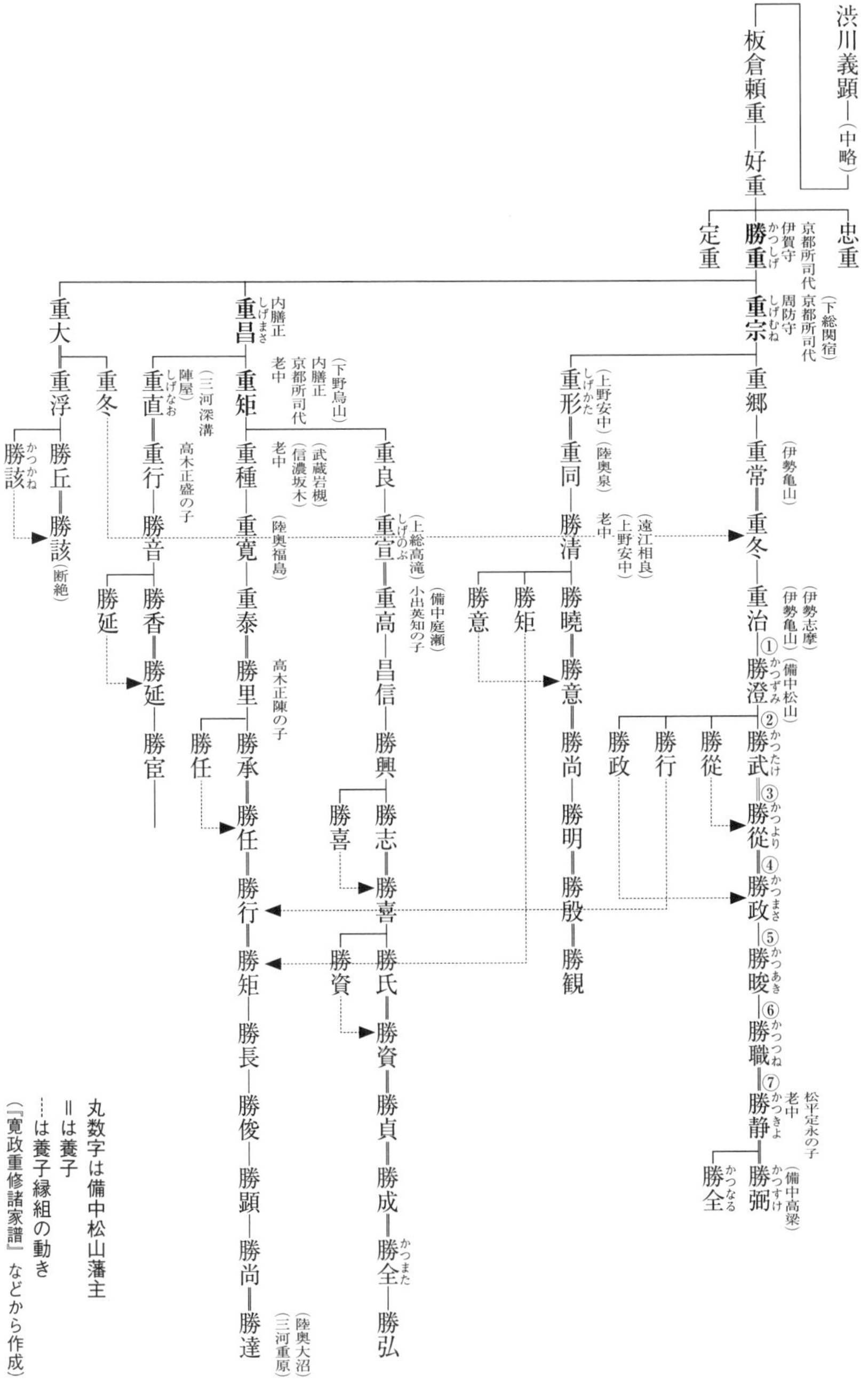

丸数字は備中松山藩主
＝は養子
…は養子縁組の動き
（『寛政重修諸家譜』などから作成）

重寛は元禄十五年陸奥福島（現福島県福島市）へ三万石で転封となり、再び城持大名となった。陸奥福島城は、幕末にいたるまでに数回の改築が行われ、三万石の大名としては大規模な城となった。

慶応四年（一八六八）一月、戊辰戦争の際には、奥羽越列藩同盟に参加するも、十月には降伏し、福島城は没収された。十二月に陸奥大沼（現福島県大沼郡内）、翌年には三河重原（現愛知県刈谷市重原本町）に移され、石高も二万八千石余りに減じられた。

備中庭瀬板倉氏は、福島板倉氏と同じく重昌を祖とする。実際には重矩《しげのり》の長男重良の子重宣《しげのぶ》が伯父重種《しげたね》から二万石で上総高滝に分封されたのが初めである。「寛政重修諸家譜」に見られる重昌の遺品や重矩の拝領の品々は現在福島板倉神社と庭瀬清山神社に分けて所蔵されている。恐らくは、この時分に分けられたものと思われ、保存状態から、いずれも御神宝として大切にされてきたと思われる。

重宣の養子重高は、元禄十二年備中庭瀬（現岡山市北区庭瀬）に移った。庭瀬では、それまで領主が数年で交替していたため、領民から領主を替えないよう要望が出ていたという。以後、板倉氏は幕末まで庭瀬を治めている。慶応四年に行われた松山征討の時は宗家に対して苦渋の決断を迫られ、家臣を数名を出張させるものの、軍勢と呼べる人数は出さなかった。

板倉重昌所用具足（板倉神社蔵／福島市郷土資料室寄託）

板倉重徳所用具足（清山神社蔵／岡山県立博物館寄託）

② 備中松山藩の暮らし

江戸時代中期は身分も固定化され、安定した時代であった。
備中松山藩の人々も時代の制約を受けながらも泰平を享受した。
そこには成熟した社会の姿があった。

国元での藩主の暮らし

板倉氏の職制や暮らしについて知ることができる史料は極めて少ない。その中で藩士であった国分胤之《こくぶたねゆき》口述『昔夢一斑《せきむいっぱん》』によって見ていくことにする。

ここでは藩主の勤務、特に備中松山藩最後の藩主板倉勝静《いたくらかつきよ》を例に見ていく。

まず、江戸城での伺候席《しこうせき》★は、雁間詰《かりのまづめ》★で無役で城主格を持つ大名として登城していた。藩主就任後奏者番となり、在府の時将軍謁見の取次役を務めたほか、見《み》付御門番《つけごもんばん》、火之番《ひのばん》、法事の時の寛永寺《かんえいじ》、増上寺《ぞうじょうじ》の御勤番を受け持った。参勤交代は隔年ごとに在府、帰城を繰り返した。

昇進は奏者番から寺社奉行に選出され、大坂城代、京都所司代を経て、若年寄、老中へと昇進するのが一般的であった。勝静は根回しなどの工作なしで寺社奉行

▼伺候席
江戸時代、大名や旗本が将軍に拝謁するため、江戸城に登城した時、控える部屋。家格によって場所が決められていた。

▼雁間詰
江戸城の伺候席の内、襖絵に雁の絵が描かれていた部屋。幕府成立後に取立てられた大名のうち、城主格の者、また大名の跡継ぎもここに詰めた。

になり、しかも寺社奉行から直に老中へ昇進した稀な人物であった。

国元にいる時は、領内の村々の巡視をはじめ、国元の家老、年寄役、用人からの伺いに対しての裁断の時、御用部屋に出座した。

又武修業も藩主として重要なことであった。文学は藩校有終館学頭の講義を受け、武芸は剣術、鎗術、馬術、柔術、水練等を行なった。特に馬術は調息流、柔術は起倒流を得意とした。一年の春秋には藩士の諸芸の修養度を見るため、文学は素読講義を武芸は試合形式で行われ、弓術は御前で射的を行った。

藩内での流儀は以下の通りである。弓術は吉田流、砲術は澤伝流、武衛流、荻野流、鎗術は素鎗の種田流、鍵鎗の柏原流、剣術は新影流、直心流、直心一派、柔術は眞孝流、身捨流、竹内流、馬術は大坪流、柳田流、調息流、水練は神伝流が行われた。また、礼式躾方は小笠原流であった。

藩主は、「御乗回し」といって、時々領内巡視の目的で乗馬した。家老、年寄役、用人を連れていく時もあったが、近習役のみお供させることもあった。この他冬から春にかけて一、二回猪狩りも行われた。これは、石川氏の章でも見た通り、武芸鍛錬とともに、軍事的要地の把握に努めたものであろう。

また、年中行事、祭礼、法事等も重要な行事で、藩主をはじめ家中の者が儀式を怠らなかった。

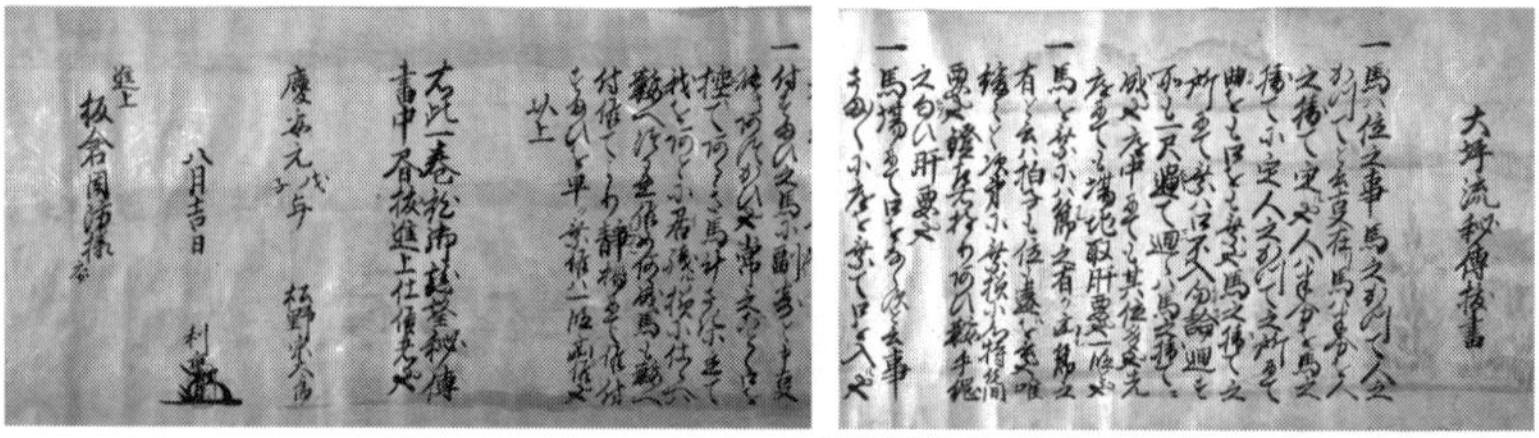

大坪流馬術書（板倉重宗宛）（高梁市歴史美術館蔵）

藩士の暮らし

藩士の勤務は、その役職に応じて多様であった。板倉家中の職制について主なものを紹介しよう。

家老職は、国元では代々藩主の同族の板倉氏が唯一の家老家で、高千石取りであった。江戸でも、板倉氏が家老職で、客分の扱いであった。高六百石である。

これに続いて、家老列《かろうれつ》があり、尾崎《おざき》氏が務めた。尾崎氏は戦国時代の小田原北条氏家臣の末裔で、始祖板倉勝重の代に仕えた氏族である。板倉家中でも最古参の家臣であるが、幕末期に家が絶えていた。

この次に、家老格がある。大石氏が代々務めた。大石氏も尾崎氏同様、戦国時代の小田原北条氏家臣の末裔で、始祖板倉勝重の代に仕えた氏族である。幕末には、大石隼雄《おおいしはやお》が出て、朝敵となった藩の危機を救った一人として評価されている。

また、家老格には、やはり幕末の動乱にあって、自らの命をもって藩を救った熊田恰《あたか》がいる。熊田は年寄役であったが死後、追贈された。詳細は後述する。

ここまでは、藩の最上級の家格である。家老を務めた板倉氏は、始祖勝重の兄好重《よししげ》の末裔で、家老列、家老格は家老と厳密に区別されていたようである。

家老は、定められた日に登城し政務を行った。また、歴代藩主の命日には、菩

城下本丁通り（現高梁市内山下）

提寺安正寺に代参した。参勤交代で藩主不在の時に家臣へ高十石以上の加増、重役仕命の達しや閉門以上の裁可がある時は、家老屋敷で申し渡した。

火に、藩政を実質的に動かしていた役として年寄役がある。これも国元で務めた者は世襲で、井上、金子、桑野、熊田、平野、磯村、澁川、木村、本多、都築、渡邊等があった。江戸では、乙部、齋藤、伊藤、小野田等があった。

年寄役の勤務は、ひと月毎の交替で、非番の時は火事番を務めた。登城の定日は一と三と六と八の付く日で、午前十時に登城し、下城は定めはなく、仕事が済み次第退出となっていた。登城のない日は、年寄役の月番の屋敷へ諸役人が伺い指図を受けた。

年寄役のうち書役一人は午前十時から正午、午後二時から午後四時まで月番屋敷に詰める。月番の年寄役は午前八時から正午、正午から午後四時までの出勤で、諸事の取次や廻状の持ち回りを担当していた。

非番だが火事番である時に、出火があれば書役、月番の屋敷に駆け付け、若党二人、槍持ち、草履取り、広敷番等を引き連れて火事場へ行き、火事番を務める年寄役が総指揮を行った。全員火事場装束に乗馬の時もあった。出火の知らせは報時堂《ほうじどう》（御根小屋中門脇）で早鐘を突いて知らせたが、城下の外までは聞こえなかった。早鐘が鳴った時には、諸役の者は各役所へ駆け付け、無役の者は火事場へ直行し、消火にあたった。

備中松山城御根小屋御殿坂跡（中門へ続く）

幕末の動乱時に活躍した藩の重要人物には、家老格大石隼雄、年寄役金子外記《げき》、桑野亀《ひさし》、熊田恰、井上権兵衛、山田方谷《ほうこく》（年寄役の家筋ではないが）等がおり、年寄役の家筋では西郷熊三郎等が活躍した。その他にも藩政に尽力したものは数多くおり、一人藩主板倉勝静のみが奮闘していた訳ではない。

ここまでは、藩上層部の役割を大まかに見てきた。次に藩政の実務において重要な役職を見ておこう。

まずは、元締役である。幕府や他藩の勘定奉行と同じ職務で、財政の全権を請け負い、会所の監督も兼ねた。会所とは片原町北端にあり、元締役、奉行役、吟味役、元方、払方等の実務役人の詰所であった。後に詳述する山田方谷は藩政改革においてこの役を拝命し、辣腕を振るったのは著名である。

次に奉行役である。この役の職務は広範で、城下町の一般支配を行い、賞罰の権限を握っていた。通常は会所に出勤して事務を行うが、裁判がある時は、会所に設けられた白洲で判決を下した。配下には、郡手代、物書、同心がいた。また、秋季には収穫米の検査のため、領内を三つに分け巡検した。同行したのは、代官役、郡手代、物書、同心で、駕籠に乗って移動した。この職務は農村部に対してのもので、備中松山藩では他藩の町奉行、郡奉行を兼ねた権限を持っていた。

先の山田方谷も元締役と奉行役を兼務することによって、農村部に対する支配の実権と情報を把握した。軍制改革の一環であった農兵隊の創設は、この役に就

会所跡

いたことで可能となった。

この他にも、城や武家屋敷の管理を行う屋敷奉行や作事奉行、教育を預かる藩校有終館の学頭、会頭、句読師、藩収入を受け持つ米方（年貢米）、運上方（運上金）、木蔵方（小物成）などがあった。藩は幕府から高度な自治を認められており、それに対応できる組織ができ上がっていた。

農民生活の決まり

備中松山領の農村部については、『高梁市史』に詳しい。ここでは、幕末に藩から出された制札（禁止事項を書いた札）を読み解き、農村に課せられた定めを見ることで、その実態を垣間見てみよう。

史料は、各村の庄屋屋敷の門前に掲げられていた木製の制札で、『高梁市史』に取り上げられていないものである。原品は高梁市歴史美術館に所蔵されている。

この定めは、嘉永二年（一八四九）四月に板倉勝静の名で藩主就任直後に出されたもので、全十八カ条からなる。最初の四カ条は年貢に関するものである。藩が農民に対して最も重要視していたのが年貢の納入であった。具体的には、年貢納入が終わらないうちに、寺への寄付、借財の返済を禁じている。また、小農民が分割で年貢を納めることを地主はよく説明して双方納得の上で納入させることを定め、訴訟になった場合もよく確認して納入することを勧めている。

　これは藩収入の大部分が年貢であり、備中松山藩は確実に年貢獲得を目指していたことの現れと考えられる。他方、農村部では、寄進や借財返済、地主と小作との紛争によって年貢が滞ることがよくあったことを示している。板倉勝静が藩主就任時には大きな課題であったと思う。

　次の一カ条では、キリシタン禁令による宗門改めを毎年一回行うことを義務付けている。江戸時代この地域に隠れキリシタンが存在していたと聞かないが、厳重に守られていたようである。明治時代以降、高梁はプロテスタントのキリスト教が盛んになったが、嘉永二年の段階では、まったくその萌芽は見られない。

　次の二カ条には牢人に対しての処遇が示されている。基本的には留め置くことは許されていない。治安維持のための禁令と考えられる。こうした主家を失った武士は少なからず存在したようで、各地を流浪していたことが察せられる。ただし、嘉永二年時点で長く滞在している者については、素性を明らかにした上で留め置くことは許されている。

　次の三カ条は農民の内役に立たない者や、他所からの流浪人がある場合、必ず報告するように義務付けている。農村部では、生活できなくなった農民が土地を捨てて流浪人となったり、耕作地が荒地となって耕作に耐えなくなったりすることは、年貢の減少につながることから、農民の把握は重要課題となった。

次の二カ条で道の管理は、軽微な破損は村で修理するように定めているが、手に負えないものは、藩に報告するように定め、藩が処置すると決めている。

次に一カ条設けて、年貢以外の諸役の分配を念入りに行い、帳簿に付けておくように定めている。

次の一カ条では庄屋の命には従うように言明している。庄屋層は藩の役人たちが行き届かない在地の農民の掌握、藩の方針の徹底など、藩政の窓口になっており、藩の意向を正確に浸透させるためにも、重要な一条である。

最後の三カ条は、川辺の普請については、広域の問題であることから、複数の村に問い合わせ、藩が指図すること、許可なく城下へ年季奉公することを禁止すること、往来の旅人に対して有料で馬を出す時は念入りに行うことを定めている。

以上のように、禁令で示されていることは、農村部に少なからず起こった課題として考えられる。また、藩が農村に何を期待していたかもわかる内容である。

備中松山藩は同年に藩政改革を始めるが、このような禁令だけでは問題解決にならなかったことも事実であった。

町人の暮らし

備中松山領の人口は慶応四年（一八六八）一月時点で四万人余りである。江戸時代の全国の人口は、戦国時代の一二〇〇万人から元禄時代の三〇〇〇万人と急増し、以後明治時代までほとんど変化がなかったといわれる。したがって、延享元年(一七四四)の町人の人口は板倉時代は大きな変化がなかったと考えられる。

延享元年の町人の人口は職人を含めて約三六〇〇人で、全人口の約九パーセントである。ちなみに、武士階層も家族を含め同程度で一〇パーセント前後であり、残り八〇パーセントは農民である。このことから、城下町の人口は七〇〇〇人余りで、備中松山城下は、武家地と商家町そして寺院で構成されていた。町人たちは農民たちと同じく武士について所替えをしない。新しい藩主に対しては、先例を根拠に権利を追認してもらう願いを出し、藩もいたずらに却下せずに追認した。

藩の収入源の基本は米であったため、町人の中心を構成していた商人は、耕作地を所有していないことから年貢や助郷といった税を課せられることはなかった。ただし、商家町といっても、藩が主体となって取り立てを行った町が対象で、南町の一部のように、自然発生的にできた町については年貢が課せられた。

次に城下ではどのような商売が成り立っていたのであろうか。『昔夢一斑』によれば以下の業種があった。ただ、板倉時代は百二十四年間続くので、多少の出入りがあったことは念頭に置いておきたい。

本町川手(西側)には、雑穀、荒物(ほうき、ざる等)、薬、紙、小間物(化粧品、装身具等)、醤油、煙草、酒を扱う商家があり、旅籠《はたご》が二軒あった。旅籠の内佐福

現在の南町通り

屋は鉄山師《たたらし》★を抱え酒造を行い、本陣を務めていた。同町山手（東側）は、油をはじめ川手と同様の品を扱う商家が立ち並んでいた。本町川手には、商売以外にも、蔵米御払口入があり、帯刀を許された大年寄★も本町に在住した。

新町には、小間物、紙、薬、酒、菓子、金物（神輿、梵鐘等も）を商う店があった。旅籠が二軒あり、町年寄も在住している。

下町では、米油、鍋、釜、成魚、乾物、煙草などを扱っていた。町には、運上取り扱いの家もあった。

南町には、酒、醤油、小間物を扱う店がある他、旅籠、質屋、日雇頭（口入屋）、金貸しがあった。特に下大坂屋は銀札発行の札受★で酒造も営んでいた。

職人町の鍛冶町には紺屋をはじめ、大工等の職人が集まっていたようである。

大まかに城下の商家を見てきたが、米蔵御払口入、運上取り扱いや札受の存在は、藩財政に直結している。会所がもとは御根小屋内にあったものが、片原町北端に移されたのもこうした実情に合わせてのことである。

また、江戸、大坂の豪商の他、御用達《ごようたし》と呼ばれる商人たちが、藩の借財を受け持っており、城下以外にも村々に数十家の御用達があった。城下以外の御用達には、八田部村の亀山氏、安原氏、玉島の堀氏、柚木氏等があった。特に玉島は水谷氏時代以来港町として栄えた新興の町であるが、商人は備中松山城下及び領内から集められた者たちが活躍している。

▼鉄山師
たたら製鉄を行う職人のこと。

▼大年寄
商家町の代表者で、町役人である町年寄を取りまとめる役職。

▼札受
藩札の発行を請け負う商家のこと。

3 備中松山藩の学問と文化

備中松山藩では国学、蘭学発展の可能性があったものの、儒学を中心とした学問が盛んになった。そこには山田方谷を中心とした学問体系が存在した。

藩校有終館

延享三年（一七四六）、備中松山藩主板倉勝澄《かつすみ》によって城下本丁（現高梁市内山下）に学問所が設けられた。藩校設立が延享三年という比較的早い時期であったことは注目される。寛政年間の四代藩主板倉勝政の時に、学問所に水戸藩から招いた松原某と備中松山藩士芦田《あしだ》北溟《ほくめい》を儒官とし、芦田の意見により「有終館《ゆうしゅうかん》」の名前が付けられた。天保三年（一八三二）、火災により焼失した後、学頭《がくとう》奥田《おくだ》楽《らく》山《ざん》の尽力により、中之丁（現・同市中之町）に移転し、同十年、再び火災にあいながらも、学頭山田方谷の努力で再興し、藩士教育の中心として役割を果たした。

また、藩校の分校としての学問所が一カ所、庶民教育のための郷校（学）も領内に三カ所開かれた。

藩校有終館跡

五代藩主板倉勝晙《いたくらかつあき》は世子の時代には蘭学者でも知られ、文化年間（一八〇四〜一八一八）には平田篤胤《ひらたあつたね》★を擁して、江戸学問所が置かれたと考えられている。

しかし、このような学問の萌芽がありながら、山田方谷の証言によれば、勝政はあまり学問に熱心ではなく、板倉勝静が備中松山藩に来て初めて藩校が盛んになったということである。また、家塾（私塾）にしても、方谷が牛麓舎《ぎゅうろくしゃ》を開いた頃、当初は理解を得られず苦労したことを語っている。

このように、方谷登場以前の学問の萌芽と挫折、登場以後の浸透と隆盛を見ると、やはり、板倉勝静と山田方谷の登場によって、この地の学問と教育は実質的な結実を見たといっていいだろう。

松原某については、詳しい来歴は伝わっていない。ただし、同時期に備中松山藩の学者で松原右仲《まつばらうちゅう》がいる。松原は蘭学者前野良沢《まえのりょうたく》★に学んだと考えられている蘭学者である。彼の制作した銅版画が細密で、初めて日本で銅版画を制作した絵師・蘭学者司馬江漢《しばこうかん》よりも優れていたといわれ、「万国與地全図」（早稲田大学図書館蔵）を残している。

また、寛政十年（一七九八）十一月二十六日、この日は「阿蘭陀正月《おらんだしょうがつ》」つまり西暦で元旦を祝う席での余興として、蘭学者大槻玄沢《おおつきげんたく》の塾で「蘭学者相撲見立番附」が作られた。その東前頭六枚目に「備中　松原右仲」の名が見える。西前頭六枚目には「江戸　司馬江漢」とあり、当時蘭学者として同等に考えられていた

▼平田篤胤
江戸時代後期の国学者。寛政十二年（一八〇〇）備中松山藩士平田篤隠の養子となった。後に離縁。一七七六〜一八四三。

▼前野良沢
江戸時代中期の蘭学者。同じく蘭学者杉田玄白とともに医学書『解体新書』を翻訳、完成させた。一七二三〜一八〇三。

ようである。また、同番付には東前頭八枚目に「江戸　備中松山世子」と見える。これは、後、五代藩主となる板倉勝晙のことである。

ちなみに、松原は勤王家高山彦九郎、水戸藩士で儒学者立原翠軒《よくけん》や水戸の地理学者の長久保赤水《せきすい》との交流も知られる。この他、松平定信にも拝謁している。

以上のようなことから、「松原某」は松原右仲とも考えられ、藩主勝政のもと、藩校経営にかかわり、世子勝晙に影響を与えた可能性を指摘しておきたい。方谷がいう「松原某ヲ水府ヨリ召抱へ」とあるのは、松原の立原、長久保との交流を見ても理解できる。

領内の教諭所、郷校と江戸学問所

郷校として、嘉永年間（一八四八～五四）に開かれた八田部《やたべ》教諭所（現総社市総社宮境内）がある。後、成章《せいしょう》村校とも呼ばれた。武士、平民ともに学んでおり、維新期には監督、教授、助教それぞれ一人と武士子弟三五人、平民子弟三〇人が学んでいた。

次に、嘉永六年、山田方谷門弟林富太郎（抑斎《よくさい》）の発議によって設立された郷校玉島教諭所（現倉敷市玉島）がある。教授は当時私塾有餘館《ゆうよかん》を玉島で営んでいた鎌田玄渓《げんけい》であった。玄渓の弟子に川田甕江《おうこう》★がいる。

▼川田甕江
幕末明治期の儒者、文人。備中松山藩士。山田方谷の推薦で備中松山藩に仕える。明治以後、新政府に出仕、明治の三大文宗に数えられる。一八三〇～一八九六。

また、安政元年（一八五四）、山田方谷門人進鴻渓《しんこうけい》の意見によって開かれた郷校鍛冶《かじ》町教諭所（現高梁市鍛冶町）がある。安政六年、方谷を訪ねて来遊した河井継之助は、その旅日記『塵壺』安政六年七月廿一日条で、「当町に「教諭所」とて学問所あり。町人、これへ出、会読、輪講迄あり。」と書き残している。「会読、輪読」は同じ書物を数人で読み、解釈、議論をすることをいう。内容も高いレベルにあった。慶応三年（一八六七）時点で教師八人、生徒八〇人が学んでいた。

安政三年には方谷が行った在宅士着政策★に伴い、藩校の分校のような扱いで野《の》山《やま》学問所（現岡山県加賀郡吉備中央町）、が開かれた。この政策に応じた有終館会頭狩野《かりの》剛治《ごうじ》が野山在宅《のやまざいたく》とともに学問所会頭となった。蔵書なども有終館のものを用いており、職員五人、生徒が三〇人程度学んでいたという。

この他、江戸上屋敷にも学問所が設置され、国学者平田篤胤が藩士であった時には教鞭をとり、幕末には川田甕江などが教授となっている。川田は同族であった安中藩の江戸学問所にも出講し、同志社の創立者新島襄も学んだ。

備中松山の私塾

江戸時代後期・末期には私塾が注目され、塾数も急激に増加した。これにはいくつか理由が挙げられる。

▼河井継之助
幕末の越後長岡藩士。家老上席。名は秋義。号は蒼龍窟。継之助は通称である。藩校で高野松陰に学び陽明学に傾倒する。遊学時には古賀茶渓、斎藤拙堂、佐久間象山に入門するが満足せず、西国遊歴で山田方谷に教えを請い心酔した。帰藩後藩の要職を歴任し、藩政改革を成功させた。戊辰戦争では武装中立を官軍に訴えたが決裂し、戦闘となり被弾して絶命した。一八二七〜一八六八。

▼在宅士着政策
武士を国境に近い場所に移住させ、同時に開墾を進め、国境守備も担わせた政策。山田方谷の藩政改革で実施。

第一に商業発展により、庶民の学問への要望の高まったこと。

第二に朱子学以外の振興学問が増加したことがある。これによって、国学の本《もと》居宣長《おりのりなが》★の鈴屋《すずのや》や藤井高尚★の松屋《まつのや》、シーボルト★が蘭学を教えた鳴滝塾《なるたきじゅく》、蘭学の大槻玄沢★の芝蘭堂《しらんどう》、同じく蘭学の緒方洪庵《おがたこうあん》★の適々斎塾《てきてきさいじゅく》（適塾）、洪庵の弟子福澤諭吉の慶應義塾などがおこり、学問分野の広がりとともに私塾でそれが教えられるようになった。

第三には幕末維新期を迎え、社会の改革を担う人材が求められたことが挙げられる。山田方谷の牛麓舎、吉田松陰《よしだしょういん》の松下村塾《しょうかそんじゅく》などはこうしたことを目的として営まれたということがいえるだろう。

備中松山城下には次のような私塾も設立されていた。山田方谷の牛麓舎（現高梁市御前町、天保九年創立）。進鴻渓（方谷門人）の静修舎《せいしゅうしゃ》（現高梁市甲賀町、嘉永六年創立）。安政元年（一八五四）には五〇人の塾生を擁したが、文久元年（一八六一）、進が藩の元締役兼吟味役に就任し閉塾。三島中洲《みしまちゅうしゅう》（方谷門人）の虎口渓舎《ここうけいしゃ》（現高梁市小高下、文久二年創立）。ここでは門弟六、七〇人が学び、明治五年（一八七二）、三島が司法省出仕により閉塾となった。

この他にも、城下に六カ所の私塾があり、明治初年まで続いた。

▼本居宣長
江戸時代の国学者。『古事記伝』を出す。平田篤胤は門人を自称した。一七三〇〜一八〇一。

▼藤井高尚
江戸時代中期から後期の国学者。吉備津神社神官。本居宣長に師事。一七六四〜一八四〇。

▼シーボルト
江戸時代後期に来日したドイツ人の医師、生物学者。日本では蘭学の発展に貢献し、ヨーロッパでは日本学の権威として重視された。一七九六〜一八六六。

▼大槻玄沢
江戸時代中期の蘭学者。杉田玄白の門に入り、前野良沢にオランダ語を学ぶ。『解体新書』の改訂を行う。また、幕府の対外政策にも関与した。一七五七〜一八二七。

▼緒方洪庵
江戸時代後期の医師、蘭学者。備中足守藩士の子。日本で種痘接種を広める。幕府の医官としても活躍。一八一〇〜一八六三。

これも備中松山

吹屋銅山

慶長五年（一六〇〇）関ヶ原の合戦後、備中国の銅の掌握のため吹屋銅山は小堀氏の支配下におかれたが、吹屋の大塚伊兵衛を請負人とし、「村稼ぎ」の形で経営された。銅山は、戦国時代から近世初期にかけて大いに稼動したが、領主が交替しても、その請負人は一貫して、地元の大塚家であり、地元農民を主とする村稼ぎであったところに、江戸時代初期の吹屋銅山経営の特徴がある。

小堀遠州が備中を去ったあと、成羽に入った山﨑家治による銅山経営は成羽藩の支配下におかれた。この時期が近世を通して唯一の私領時代であった。吹屋銅山の歴史において、この成羽藩時代の特徴的なことは、それまでの「村稼ぎ」を改め、領内領外の豪商を請負人としたことである。

山﨑家治が成羽から天草に移されて後、正保年間（一六四四～一六四七）銅山は備中倉敷代官所預かりとなり代官彦坂平九郎は大坂や堺の有力な銅山師に請負わせることで、銅山経営の行き詰りを打開しようと考えた。しかし、結局は長続きせず一時閉山する有様であった。

しかし、寛文十年（一六七〇）から天和年間（一六八一～一六八四）には十数年間は、産出増となり、運上金は上昇した。その頃この銅山を請負った銅山師は七人にもおよんでいる。この爆発的な銅の産出とめまぐるしい銅山請負人の交替は、明らかに地元吹屋からの掠奪的な採掘を意味している。

幕府支配の安定から元禄時代の経済発展、そして徐々に経済の停滞が見え始めたこのころから銅山経営の方法は一転して、長期、持続的採掘方法に変えられた。

そこで幕府が銅山の請負人として泉屋吉左衛門に請け負わせた。後の住友の祖である。彼は、坑内に湧出する水の排水路を開発することで新山同然に採掘できるようにし、安定した長期経営を目指した。

元禄四年（一六九一）二月、泉屋は全長二百間余（三六〇メートル余）の疎水大坑道の掘削に成功し、西国第一の産出量を誇る銅山になった。しかし、泉屋はその頃発見した四国の別子銅山に重きを置き、吹屋銅山の採掘権を幕府に返上した。幕府からの慰留もあったが、結局、正徳三年（一七一三）に稼業を打切った。

泉屋が吹屋銅山の経営を中止したのち、吹屋村庄屋松浦五右衛門は銅山を請負っている。しかし、水揚げの費用がかさみ、経営は苦しくなった。結果、地元資本の経営者大塚理右衛門宗俊が請け負うことになった。大塚家は天文年間（一五三二～一五五四）以来、地元で請負人となって銅山を経営していたといわれる。享保七年（一七二二）に銅山経営を請負ってから、銅の産出量は増加し、寛保二年（一七四二）までの七年間は、平均して年間一〇万斤（約六〇トン）の銅を生産した。

しかし、再び新たな疎水路が必要になっ

たが、その費用は京都の銀座を請負名儀人とし、京都の銀座と吹屋の大塚家が結んで銅山経営をすすめた。吹屋下谷の大塚家が銅山経営者＝銅山師としての地位をこの時期確立し、理右衛門・定次郎父子を大塚家中興の祖とした。しかし、産出量減少により京都の銀座も手を引き、天明元年（一七八一）十一月に閉山した。

天明七年美作久世代官となった早川正紀は美作・備中の両国にまたがる広大な幕府領の支配をまかされ、享和元年（一八〇一）五月、武蔵国久喜《くき》代官に移るまで十三年間この地方の民政に尽力した。吹屋村の実情をみた早川は、銅山復興を考え、前後六十五年にわたる銅山経営の経験者である大塚家の定次郎・兵十郎親子に意見を聞いた。当時吹屋は銅山衰退に伴い、人口も減少しており、定次郎親子は、銅山再興されるよう請願し、早川代官の指導と幕府の資金援助を得て吹屋銅山は再興された。大塚家が請負人となって寛政三年（一七九一）から弘化四年（一八四七）まで五十七年間経営された。

また、赤色顔料であるベンガラ生産の始まりは宝永四年（一七〇七）頃といわれ、吹屋村を訪れた銅山師がその技法を伝え、森屋茂太夫が初めて弁柄生産を試み、地域産業となった。銅鉱脈に伴い良質の硫化鉄鉱が多く産出され、中間製品である緑礬《ろうは》（硫酸鉄）の製造ができるようになり、緑礬からベンガラとなり、製品として高梁川を下り、玉島港（現倉敷市玉島）から全国へ送られた。寛政十年頃には、ベンガラ製造の焼窯は一〇カ所あり、弁柄稼人は五軒で、いずれも吹屋村の富裕層であった。また、早川代官の産業奨励策によりベンガラ仲間が結成されたことは、その後の隆盛の一因である。

吹屋の町並み

現在、日本遺産に登録されている「ジャパンレッド」発祥の地－弁柄と銅の町・備中吹屋－はベンガラによる富の集積によるところが大きい。

幕末、備中松山藩では山田方谷の藩政改革が行われた。方谷は産業振興の一環で、元治元年（一八六四）吹屋銅山の買収を行った。備中松山藩に所有権があったのは明治四年（一八七一）廃藩置県も過ぎた明治六年までであった。

銅山は旧備中松山藩士三島中洲、堀右膳などが三菱の岩崎弥太郎との交渉によって、一万円で売却した。この資金は旧藩士の授産救済のために設立された第八十六国立銀行の資本金となった。また、三菱にとってこの年は三菱商会を名乗り岩崎が社主となった年であり、三菱の最初の鉱山経営となった。

備中神楽

備中神楽の起源は、はっきりとしないが、荒神《こうじん》（猛々しく霊験あらたかな神）を祀るために行われた祭祀であると考えられている。岡山県西部を中心に行われる神楽は七年あるいは十三年、三十三年に一回行われる式年神楽として行うことで荒神の鎮魂を行ってきた。荒神は禍福ともたらす神として敬われてきたのである。この式年神楽は荒神神楽とも呼ばれ、十八世紀前半には荒神神楽として記録が残っている。

十八世紀後半には荒神神楽は一般的関心は少なく、同時に行われる神能狂言は極めて卑俗であった。その頃、国学者で下日名村（現高梁市成羽町下日名）の御前神社の宮司であった西林國橋が登場し、『古事記』『日本書紀』の神話から取材した「天岩戸開き」「国譲り」「大蛇退治」の話をもとに三段からなる演劇形態の整った「神代神楽」を創作した。そして、荒神神楽に組み入れらることで、従来の神事のしきたりを保存しながら、芸能性が高まり、人々の間に広く受け入れられるようになった。これが今の備中神楽である。

素戔嗚尊（PhotoAC）

現在、高梁市内の五十の神社の秋祭りで奉納される宮神楽、集落の産土荒神に奉納される式年神楽、個人の祝い事で舞われる神楽と岡山県西部では広く浸透している。

個人の祝い事では神代神楽のみ行われることがほとんどであるが、一般的に氏神の宮神楽の演目は、榊舞《さかきまい》、導きの舞（曲舞）、猿田彦《さるたひこ》の舞、国譲り、大蛇退治《おろちたいじ》が舞われる。

産土《うぶすな》荒神の式年神楽はさらに多くの演目があり、役指しの舞、榊舞、白蓋神事《びゃくがいしんじ》、導きの舞（曲舞）、猿田彦の舞、五行幡割《ごぎょうはたわ》り、剣舞《つるぎまい》、布舞、綱舞、託宣神事、石割神事、岩戸開き、国譲り、大蛇退治、吉備《きび》津《つ》、お田植え、玉藻前《たまものまえ》、三韓、お多福と多くの演目があり、丸一日かけて行われる。

備中神楽はそれを演じる社中が六〇組近くある。社中は六～七人で構成されており、神楽大夫と呼ばれる。用いられる楽器は太鼓の囃子を中心に鈴や横笛、銅拍子がある。楽譜がないため、舞手との呼吸を合わせるために熟練が必要である。

また、神楽で用いられる面は神代神楽に登場する神々を表現するために用いられるもので、桐材を使って作られる。

第四章 名君と賢臣―板倉勝静と山田方谷

幕末、備中松山藩が最後の光彩を放つ。

山田方谷像

1 板倉勝静の登場

伊勢桑名藩主の八男として生まれた板倉勝静。
政治の表舞台への志を胸に
備中松山藩へ養子に入り、老中首座まで上り詰めるが……。

板倉勝静の出自

板倉勝静《かつきよ》は文政六年（一八二三）一月四日、伊勢桑名藩（現三重県桑名市）の藩主松平定永《さだなが》の八男として生まれた。定永は寛政の改革で著名な老中松平定信の子であり、勝静は定信の孫にあたる。さらにいえば、定信は八代将軍徳川吉宗の子田安宗武《たやすむねたけ》の子であり、血統からいえば勝静は徳川家の人といってよい。

その勝静が人生の転換期を迎えたのは、天保十三年（一八四二）、二十歳で五万石の備中松山藩主板倉勝職の養嗣子となった時である。板倉家は名京都所司代と謳われた板倉勝重、重宗を祖とする譜代大名で、一族から老中を三人出している名門である。

勝静の素顔を物語る逸話として、彼の日常生活について、夏の暑い時に昼寝を

板倉勝静像
（高梁市歴史美術館蔵）

したり、冬の寒い折に火にあたって暖を採ったり決してしなかったという。さらには弓術、馬術にも優れていたことを山田方谷は書き残している。

このことを松平定信の遺訓の表れとして方谷は驚き感心している。当時方谷は世子勝静の侍講★であった。勝静にとって、方谷に教えを受け、家督を継ぐまでに数年間過ごしたことは、備中松山藩を知り、さらには困難な幕末の政治に身を投じる上で重要な意味を持っていた。

▼侍講
君主などに学問を教えた学者。侍読ともいう。

藩主就任と藩政改革

板倉勝静は備中松山藩に養子に来てから七年後の嘉永二年（一八四九）、養父勝職が病気のため、二十七歳で藩主を継いだ。

この頃の備中松山藩は借金が一〇万両以上におよび、財政は破綻寸前であった。なおかつ、それに対する具体的な方策も出されないままにされていた。藩主となった勝静は藩の窮状を目の当たりにして、すぐさま藩政改革を断行した。勝静がまず行ったことは改革を請け負う「人」を選ぶことであった。このため山田方谷の抜擢が行われる。

改革を任された方谷は、次のような方針で裕福で強い藩の再建を目指した。

上下節約、負債整理、藩札刷新、民政刷新、産業振興、文武奨励、軍制改革な

山田方谷像（備中高梁駅前）

どである。

これらを達成するために勝静は自ら木綿の着物や贅沢な食事を控え、模範となることを心がけた。方谷も労を惜しまず、また、改革を広く周知させるために、多くの人々の目の前で古い藩札を焼却という大胆な手段を用いたりもしている。また、武士以外の庶民に武器を持たせ、軍事力の強化も図っている。

しかし、何よりも、古い弊害の克服し、確かな見通しをもとにした財政再建の成功がこれらを支えた。

藩財政の窮乏は備中松山藩だけではなく、全国の諸藩が抱えていた問題であり、改革の動きは多くの藩で見られた。方谷の方針も江戸時代後半から全国で行われてきた藩政改革の特徴をよく示している。

しかし、八年間という短期間で成功を納め、豊富な資金源を得ることによって、勝静は政治の中枢で活躍できるだけの裏付けを得た。

現に勝静のように藩政改革を成功させた大名が幕末の幕府を主導していき、あるいは明治への扉を開いた雄藩へと成長している。

勝静は改革の一応の成功を見た安政四年（一八五七）、総社番兼寺社奉行に任命されている。ここから栄光と挫折との道程が始まる。

寺社奉行就任と安政の大獄

板倉勝静は藩主になって二年目の嘉永四年（一八五一）、幕府の奏者番に任じられた。この役は普通譜代大名から二～三〇人が選ばれ、将軍謁見の披露や進物などの受け渡しが主な仕事である。したがって直接幕府の政治には関係しなかった。

この中から寺社奉行が選ばれ、これを皮切りに昇進していくため、奏者番は出世街道の振出しでもあった。

寺社奉行は定員が四人で、全国の寺社の統括が主な仕事である。奉行所の運営は任命された大名が自藩の家臣で役人を構成し、費用も藩の自前で調達した。

このことは藩運営の費用に加えて、奉行所の運営の費用が増えるため、財政状態のよい藩でなければ務まらないことを意味している。

備中松山藩の藩政改革が成功を見た安政四年（一八五七）、勝静は寺社奉行に任命された。ここに幕府高官の道が開けたといえるが、ようやく改革が軌道に乗ったところであり、費用がかさむことを心配して、勝静は、方谷に相談している。これを受けて、方谷は是非受けるよう促している。

翌年、政治、外交ともに混乱していた幕府は井伊直弼《いいなおすけ》を大老に任命した。井伊大老は強権力をもって、諸問題に対処した。その中に安政の大獄がある。

江戸城（現皇居二重橋）

この政治弾圧には、通常の裁判とは別に臨時に設けられ裁決する組織が作られた。これを五手掛という。寺社奉行、町奉行、勘定奉行、大目付、目付の五人によって構成され、寺社奉行の勝静もその一人であった。

しかし、この五手掛で決まった処罰が非常に厳しかったため、勝静は井伊大老に対して「将軍家茂を立てたことも、日米修好通商条約を結んだことも大老の意のままになっている。この上、厳しい弾圧まで行わない方がよい」と意見を述べている。弾圧によって幕府への不信感がつのることを心配したためである。

これに対して、井伊大老は翌日には五手掛を更迭し、数日の内に勝静は寺社奉行を解任された。

安政七年（一八六〇）、桜田門外の変によって井伊直弼が暗殺されると、安政の大獄は中止され、勝静も翌年文久元年（一八六一）には寺社奉行に返り咲いている。しかし、幕政は一層混乱し、勝静はその渦中での進退を余儀なくされた。

老中加判と幕政参与

勝静は寺社奉行に復職してから一年後の文久二年（一八六二）三月、老中に任命された。本来、老中は寺社奉行から大坂城代、京都所司代などを経て任命されていたので、勝静の任命は異例であったといえる。

しかし、幕府には困難な問題が山積していた。勝静が様々な問題に対処する時、一貫していたことは、攘夷《じょうい》（外国に屈伏しない態度）によって、幕府権威の回復することであった。例えば、外交交渉では、外国人との応対は極めて厳正に行った。当時のイギリス領事館員アーネスト・サトウは勝静のことを「好人物であるが決して弱気を見せない」と述べている。

同年八月に起こった薩摩藩士のイギリス人殺傷事件（生麦事件）などの外交問題や文久の幕政改革なども挙げられる。しかし、生麦事件では、賠償金一一万ポンドを支払うことでの解決を強いられている。また、文久の幕政改革では、長州藩、薩摩藩などが朝廷を利用して要求してきた幕府内の人事や参勤交代の緩和などの改革案に対して、幕府権威の回復という意味では賛成しがたく反対の立場であった。けれども、改革案は勝静の意思とは逆に受け入れざるをえなかった。

その中で勝静が手掛けた改革に軍制改革がある。これには備中松山藩で行った西洋軍制を幕府の体制にあわせて導入し軍事力の強化を図っている。同時に、国元においても、一層の富国強兵を図るよう改めて指示を出している。

また、幕府では文久三年二月に十四代将軍家茂の上洛を行っている。尊王攘夷運動などの政治問題が朝廷のある京都を拠点に動いていたからである。勝静もこれに同行し、京都二条城に入った。

しかし、京都では反幕府勢力を牽制したものの、攘夷を達成することができなかったことから勝静は辞表を提出した。老中辞任は政治顧問であった山田方谷が早くから勧めていたことでもあったが、老中の座にとどまるよう将軍家茂から命じられている。

元治元年（一八六四）、天狗党の乱という内乱が起こった。この対応策で政事総裁職松平直克★との対立によって勝静は老中を罷免《ひめん》される。またしても政治上の対立によっての罷免であった。

大政奉還

板倉勝静が老中を退いた後の元治元年（一八六四）七月、京都御所付近で長州藩が禁門の変★を起こし、幕府が長州征討を行う口実になった。

備中松山藩にも出兵命令が下され、国元の山田方谷が中心となって出兵の準備を行い、勝静自ら出陣した。しかし、長州藩の恭順によって、大規模な戦闘にはいたらなかった。ところがこの後、幕府は長州藩に厳罰を下さなかったため、権威の低下を露呈することになった。

慶応元年（一八六五）、幕府は長州藩の処置と、外交政策の対処のため、勝静を老中に再任した。勝静は当初辞退を考えていたが、将軍家茂の期待に添うべく再び徳川に殉じることを誓い老中再任を受けた。将軍家茂は、徳川家康の功臣で板

▼松平直克
幕末維新期の前橋藩主。文久三年（一八六三）福井藩主松平慶永の後を受けて政事総裁職となる。一八四〇～一八九七。

▼禁門の変
文久三年八月十八日の政変で京都を追放された長州藩は勢力奪回を模索していたが、多くの長州藩士が捕らえられた池田屋事件を契機に挙兵し、京都御所付近で幕府と戦って敗れた事件。

倉家始祖、伊賀守勝重にちなんで、勝静がそれまで名乗っていた周防守から伊賀守に改称させた。勝静に勝重の功績を継ぐことを期待したためであった。

翌年、薩長同盟による薩摩藩の幕府からの離反、第二次の長州征討での各方面での敗退、征討中の将軍家茂の死去という難局を迎えた。その渦中、同年十二月五日、十五代将軍に徳川慶喜が就任した。慶喜はすぐさま幕府機構の改革を行い、その中で勝静を老中首座に任じた。

この頃になると、薩摩長州を中心に朝廷の勅令を利用した幕府打倒の動きが活発になってきた。

こうした不穏な情勢の中、坂本龍馬、そして土佐藩主山内豊信《やまうちとよしげ》、同藩士後藤象二郎などは平穏に幕府の政権を朝廷に返還し、新しい政権を作るため、大政奉還を建白した。

この建白書を直接受けたのは勝静であった。慶喜は勝静などと図り、

一、幕府の政権を朝廷に返すこと。

一、大名となったとしても勢力は他の大名と比べ、圧倒的に優位であること。

一、今まで弊害となってきた朝廷、幕府の二つの政権を解消し、統一政権が作れること。

一、統一政権においても勢力の大きさから主導権を握れること。

一、幕府打倒の勅令を無効にし、薩摩長州を牽制すること。

などの理由から大政奉還を実行することを決めた。勝静自身は幕府の終焉を口惜しく思っていたが、時代の流れの中で最善の策として進めざるをえなかった。

慶応三年十月、慶喜は京都二条城で主な大名を集めて大政奉還の旨を告げた。奇しくも二条城は始祖勝重が築城に携わり、江戸幕府の礎を築いた場所であった。勝静が諸大名に大政奉還の書を示した時、どのような思いであっただろうか。

戊辰戦争と奥州流転

慶応三年（一八六七）の大政奉還後、朝廷から王政復古★が宣言され、天皇中心の新政府が樹立された。同時に徳川慶喜の官位辞職と領地返納を迫ったが、慶喜は拒否して、京都二条城から大坂城へ移った。この時、板倉勝静も同行した。

翌年一月、旧幕府軍と薩摩長州軍の間で鳥羽伏見の戦いが起こった。依然徳川家の力は強大であったが、薩長軍は「錦の御旗《みはた》」を掲げ官軍となり、戦いを優勢に進めた。慶喜は勝敗が決する前に京都守護職の松平容保《かたもり》、★京都所司代の松平定《さだ》敬《あき》★　そして、老中首座の板倉勝静など主だった者とともに、榎本武揚《えのもとたけあき》率いる軍艦開陽丸で江戸へ帰ってしまった。新政府は慶喜追討令を出し、官位のはく奪と旧幕府領を朝廷の直轄にすることを決定した。

「朝敵」にされた慶喜は上野寛永寺で謹慎し、勝静も日光に退き恭順を示した。

二条城二の丸御殿（PhotoAC）

▼王政復古
王政復古の大号令、王政復古のクーデターともいう。徳川慶喜の大政奉還を受けて、薩摩長州が中心となって武家政治から明治天皇を中心にした君主政治を行うことを宣言したこと。

▼松平容保
幕末維新期の会津藩主。桑名藩主松平定敬は実弟。文久二年（一八六二）京都守護職となる。一八三六～一八九三。

▼松平定敬
幕末維新期の桑名藩主。会津藩主松平容保は実兄。元治元年（一八六四）京都所司代となる。一八四七～一九〇八。

しかし、鳥羽伏見の戦いを発端とした戊辰戦争は続いた。その渦中、旧幕府軍の大鳥圭介が日光に軍を進め、勝静は会津へ同行した。東北では奥羽越列藩同盟★が成立しており、勝静はこの同盟会議の主宰を務めている。

この頃、備中松山藩も朝敵として追討を受けていた。藩主不在のまま、山田方谷などの努力や、勝静の親衛隊長だった熊田恰の自刃によって恭順の意向を示し、備中松山城は岡山藩を中心とした鎮撫《ちんぶ》使の前に無血開城となった。

勝静は、会津戦争の敗北後、仙台から海路箱館五稜郭にまでいたった。

明治二年(一八六九)、旧備中松山藩は箱館戦争の終結前に勝静の脱出を成功させた。勝静は東京の駒込吉祥寺で謹慎し、新政府から安中藩(板倉家分家)へ終身禁固を言い渡され、明治五年に赦免となった。

明治十年、上野東照宮の宮司に任命され、喜んで受けたという。

勝静は幕府創業の功臣の家を継ぎ、高い志を持ってことにあたった。しかし、すでに人心は幕府から離れ、幕府崩壊とともに、勝静もまた歴史の表舞台から下りることとなった。

明治二十二年四月六日、勝静は六十六年の生涯を閉じた。この年、日本では大日本帝国憲法が発布され、近代国家としての基礎を築き上げた時でもあった。

▼**奥羽越列藩同盟**
戊辰戦争の最中、東北諸藩は会津藩、庄内藩の「朝敵」赦免嘆願を行い、仙台藩を中心に同志的結合が形成されていた。しかし、この赦免嘆願の却下後の列藩同盟は新政府軍に対抗する軍事同盟へと変わった。

②山田方谷の藩政改革

名君板倉勝静の下、賢臣山田方谷《やまだほうこく》の藩政改革が始まる。
奇跡ともいわれる改革は、どのように進められ、
確たる現実のものへと実行されたのか。

負債整理

藩政改革にあたって方谷が最初に着手したのは負債整理であった。まず方谷は、藩の財政状況を端的に書き上げ★（『山田方谷全集』所収、以下『全集』）、現状の把握周知に努めた。

藩財政を見ると、年収金三万両弱、借財元金一〇万両、利息年一万両であった。

では、この状況を今一度最初から詳しく読み解いていこう。

まず、「一、御収納米一万九三百石　三年豊凶推ならし」となっている。この部分は、藩の年貢収入三年間の平均を示している。

あえて誤解のないように付け加えると、備中松山藩の表高は五万石である。つまり、五万石の米が収穫できる土地が藩領である。その内、年貢は四公六民など

「申上候覚、元締奉職当初財政収支大計
（前略）
　右申上候算当小訳の通
一、御収納米壱万九千三百石　三年豊凶推ならし
　内
五千石余　松山御家中渡米辻
千石余　御領分郷中其外渡米辻
〆
残米壱萬三千石余
代銀札千五百貫匁余　松山銀札百二拾匁当
此金凡壱萬九千両余　松山銀札にて金壱両八拾匁当
　内
三千両　松山御暮諸入用（但御在府年の積）
千両余　大坂京都諸入用
壱萬四千両余　江戸御下金辻

といわれるように、表高の四割程度が藩の収入にあたる。一万九三百石は取り立てて少ないのかといえば、そうではない。

では、何が問題なのであろうか。それは、板倉氏が延享元年（一七四四）に備中松山へ転封される前の領地伊勢亀山時代との収納高の差である。亀山時代の表高は同じく五万石であったが、年貢収納高は三万石程あり、松山時代と一万石もの差がある。大名領は、幕府から安堵された領内であれば、ある程度自助努力によって耕作地を広げることもできた。だが、平野部の多い亀山と違い、松山は山地が多く、耕作地が限られている。

また、百五十年ほど前の藩主水谷氏断絶に伴い、幕命を受けて、元禄七年（一六九四）から八年にわたって播磨姫路藩主本多忠国によって行われた、いわゆる、「元禄検地」の影響が大きい。元禄検地帳は、以後の土地基礎台帳（古検）として機能し、近代まで保管された。耕作地の収納高が厳密に調査されたため、年貢収納に弾力がなくなったことも収納高減少の要因である。

亀山時代から百年ほど経ち、方谷の登場となったが、まずは根本から認識することを始めとしたのである。

次に、一、「松山御家中渡米辻」二、「御領分郷中其外渡米辻」三、「松山御暮諸入用（但御在府年の積）」四、「大坂京都諸入用」五、「江戸御下金辻」の五項目について説明しよう。

但此内江戸御借財利金払出御座候得共、夫程は年々不足に付、江戸御借財高相増申候
〆金壱萬九千両
右の分程に御座候得ば、御収納と御暮入用一益に相成出入無御座候処其外に
三千両余　大坂御借金利息
三千両余　松山御借金利息
二千両余　江戸御借金利息
此分取調候処、三千両余に及候
〆八九千両
右の分年々全く御切込に相成居候
戌三月（嘉永三年）
（山田準編『山田方谷全集』より）

第一は、家臣の俸給、第二は、領内へ渡す米で合わせて六千石である。ここまでは石高で示されている。第三は、藩主江戸在府費用、第四は、大坂蔵屋敷、京都藩邸の費用、第五は、江戸藩邸の費用で、現金に換えて運用しているが、全体で一万三千石余を必要としている。

合わせると、丁度一万九千石余となり（金に換算し、雑税を加えると二万九千両弱となる）、資金が過不足なく運用されているかに見える。

ちなみに雑税千両というのは『全集』に「小物成★諸運上金★千両」と記された史料があり、年貢米以外の藩収入と考えていいだろう。

しかし、嘉永三年（一八五〇）の段階で、大坂、松山領内、江戸それぞれの借財の利息が合わせて八、九千両必要で、その分が赤字となり、さらに元金を減らすこともできない状態に陥っていたのである。

ここで注目は、「借財十万両」という数字である。確かに、この史料の利息が元金の一割程度と見れば、借財はおおよそ一〇万両となる。

そして、「借財十万両」を決定的に印象付けたのは、山田準★編纂の『方谷先生年譜』（明治三十八年初版）の嘉永四年条の注釈にある方谷の高弟三島《みしま》中洲《ちゅうしゅう》の言葉、

「藩ノ草高ハ五万石ナレドモ、実収ハ一包四斗入ノ米五万包ナリ。外ニ雑税ヲ加ヘテ収納ノ代価大凡五万両ナリシ、然ルニ新旧借ヲ合シ、十万両余

▼小物成
田畑に課せられる本年貢（米など）に対し、その他の雑税の総称。

▼運上金
小物成の内、商工業などの営業に課せられた一定率の税。

▼山田準
明治～昭和時代の漢学者、教育者。山田方谷の義孫。旧制高等学校教授、二松学舎校長などを務める。著書に『山田方谷全集』『陽明学講話』などがある。一八六七～一九五二。

郵 便 は が き

お手数ですが
切手をお貼り
ください。

１０２−００７２
東京都千代田区飯田橋３−２−５

㈱ 現 代 書 館

「読者通信」係 行

ご購入ありがとうございました。この「読者通信」は
今後の刊行計画の参考とさせていただきたく存じます。

ご購入書店・Web サイト			
	書店	都道府県	市区町村
お名前《ふりがな》			
〒 ご住所			
TEL			
E メールアドレス			
ご購読の新聞・雑誌等			特になし
よくご覧になる Web サイト			特になし

上記をすべてご記入いただいた読者の方に、毎月抽選で
５名の方に図書券５００円分をプレゼントいたします。

お買い上げいただいた書籍のタイトル

本書のご感想及び、今後お読みになりたいテーマがありましたらお書きください。

本書をお買い上げになった動機（複数回答可）

1.新聞・雑誌広告（　　　　　　　）　2.書評（　　　　　　）

3.人に勧められて　4.ＳＮＳ　5.小社ＨＰ　6.小社ＤＭ

7.実物を書店で見て　8.テーマに興味　9.著者に興味

10.タイトルに興味　11.資料として

12.その他（　　　　　　　　　　　　　　　　　）

ご記入いただいたご感想は「読者のご意見」として、新聞等の広告媒体や小社Twitter等に匿名でご紹介させていただく場合がございます。
※不可の場合のみ「いいえ」に○を付けてください。　　　　いいえ

小社書籍のご注文について（本を新たにご注文される場合のみ）

●下記の電話やFAX、小社HPでご注文を承ります。なお、お近くの書店でも取り寄せることが可能です。

TEL：03-3221-1321　FAX：03-3262-5906
http://www.gendaishokan.co.jp/

ご協力ありがとうございました。
なお、ご記入いただいたデータは小社からのご案内やプレゼントをお送りする以外には絶対に使用いたしません。

ハ負債ニテ、（中略）然ルニ先生ノ改革ニテ負債モ償却シ、終ニ十万両の積立金残レリ★（後略、傍点筆者）」

や安政四年条の中に記された

「一先生始テ元締トナリシヨリ、茲ニ八年。嘉永癸丑ノ旱害、安政乙卯ノ地震、及ビ乙卯丙辰ノ米価暴落等、災厄頻ニ至ル。殊ニ我公寺社奉行ニ上リ、費途益々多キヲ致セルモ、略ボ十万両ノ負債ヲ償却セルノミナラズ、後遂ニ十万ノ余財ヲ見ルニ至レリ。★」

の文である。

ここで注意しておきたいのは、嘉永四年の注釈での中洲の言葉である。年貢、雑税合わせて一年の藩収入は五万両であったとしているところである。加えて、明治十年（一八七七）、中洲によって撰文された「方谷山田先生墓碣銘」では「是において貯金歳入に倍す（原文漢文）」とも書き残されていることである。この「墓碣銘」は明治十年に書かれ、同十二年、「方谷先生碑」として、松平春嶽★の篆《てん》額《がく》を添えて、八重籬《やえがき》神社（現岡山県高梁市内山下）に建立されており、現在も見ることができる。

▼
（藩の石高は五万石であるが実収入は二万石程である。他に雑税を加えて収入代金は五万両であった。そして新旧の借財を合わせ一〇万両余りの負債であった（中略））そして先生の改革で負債は返済され、ついに十万両の預金が残った）。

▼
（先生が始め元締役となって八年。嘉永六年（一八五三）の干ばつ、安政二年（一八五五）の地震、および安政二、三年の米価暴落などの災厄、藩主勝静の寺社奉行就任で費用が多くなったものの、十万両の負債を返済するだけでなく後ついに十万両の預金を作った。）

▼**松平春嶽**
幕末維新期の越前福井藩主。文久二年（一八六二）政事総裁職となる。一八二八～一八九〇

しかし、冷静に考えると、中洲のいう五万両の収入が当初からあれば、年貢の他に、余剰二万両を超える収入があることになる。そうであれば、さほどの苦労なく負債償却ができたのではないかと思われる。

ここで思い起こされるのは、中洲が直接藩財政にかかわった時期である。『方谷先生年譜』によれば、文久三年（一八六三）八月から慶応四年（一八六八）一月までと考えられ、この期間での藩収入であれば、方谷の改革の後を引き継いだものであるので、五万両というのは頷ける。

しかし、方谷が元締役の時期は撫育方《ぶいくがた》★、産物方《さんぶつがた》★など殖産はこれからであり、一年の藩収入がこれほどあった訳ではなく、先に記した通り、二万石弱に雑税一〇〇〇両を加え、換算して二万九〇〇〇両弱の年収であったということになる。

そこで、もう一度「借財一〇万両」という数字に戻ってみる。『全集』一二九六頁から始まる嘉永四年四月四日付「存寄申上候覚」の最終頁に

「(前略) 何分御借財高、古借は捌置、新借斗にても八九万両も之有り、利金の出候辻、九千両より殆一万両にも及び候程の事に付★（後略　傍点筆者)」

とあり、ここで見る限り、新借のみで一〇万両に近い借財があることがわかる。古借は含まれてはいないのである。

▼**撫育方**
備中松山藩の藩政改革の中で新設された役所。年貢米以外の領内産物をすべて集約した。

▼**産物方**
撫育方で集約された産物を売却するために、江戸中屋敷に設置された役所。

▼
(前略) 何といっても借金高、古借はさておき新借だけで八九万両もある。利息合計九千から一万両におよぶほどのことで（後略）

中洲は先に見たように「新旧借ヲ合シ、十万両余ノ負債」としているが、『全集』一二九九頁での中洲の注釈では、

「(前略) 先生の改革されたる時は、新借にても二ヶ年の収納丈け借りたるものと知るへし★ (傍点筆者)」

とも言葉を残しており、記憶にばらつきがある。古借、新借は分けて考えるべきである。そのように考えれば、実態はさらに深刻であった。

本史料の注釈に中洲の言葉が添えられているが、やはり「後年余か度支たる時、一ヶ年大凡五万両の収納なりし (後略)」とあり、方谷の向き合った時の財政状況とはまったく違うのである。中洲は単に自分が元締役をしていた時の収納高を方谷の改革当時と同様に考え、その二倍の借財を返済し、さらに一〇万両の蓄財をなしたと感嘆しているにすぎないのである。

ここで古借、新借がどの時期を境としているのかはっきりとわからないが、方谷が直面した財政状況は、恐らく合わせて一〇万両を遥かに超える借財があり、収入は二万九〇〇〇両弱程度であったということになる。こうした中で方谷は負債整理を進めていくことになる。

方谷の負債整理の過程と心情については、『全集』三四頁の嘉永三年十月条と

▼(前略) 先生が改革された時は、新借だけで二カ年の収納を借り入れたものと考えられる。)

一三一三頁の「借金蕩平論」と題された覚書を参考としたい。

それを読むと、方谷は負債整理の心構えとして、「戦《いくさ》」に赴く覚悟で対応したことがわかる。そして、特に藩収入の大部分、つまり収納米に影響をおよぼしている、大坂の債権者に対して、自らがおもむき談判となった。まず、藩収支の実情を開示した。恐らく、古来三万石の収納米があったものの、現在は表高五万石の内二万石程の収入がないことを示したものと思われる。

こうした実情の披歴は、かえって商人の信用を失墜する恐れがあるとして、反対するものもあった。しかし、方谷は

「大信ヲ守ラント欲セバ、小信ヲ守ルニ遑（いとま）ナシ（深い信頼を得るためには、場当たり的な信頼に左右される暇はない）」

として、実行した。

そして、従来の元締役は実収入を粉飾し、大坂商人に年貢米の換金を求め、不足分は用途を決めずに、借財して回るという対応をしていたことを示した。また、借財を促す過程においても不適当なことが行われていた。例えば、藩側から宴会を催して商人を誘い出し、その中で借財を取り付ける方法や、これも藩側から高い利息を示して借財を引き出すなど、ずさんな方法を行っていた。

ただ、これは単純に批判されるものではない。確かに、財政に疎い武士が姑息な手段で借財を引き出している例ではある。しかし、この時期ほとんどの藩の財政は債務超過に陥っていた。むしろ、財政の担当者は、いかにして商人から借財を引き出すかが手腕の見せ所でもあった。方谷はそうした慣習を根底から覆した。

さらに、方谷は、武士の方ばかりがその権威を振りかざして借財を強要していたと考えてはいなかった。金融に精通している商人が、自ら損をするようなことはしないことを理解していた。そのため、暗にそのずさんな借財要求を受け入れていた商人に対しても自省することを促した。また、その利率を考えてみても、現代と比較すれば破格の高利である。そのことも頭に入れておきたい。こうした状況の中、数百条にもおよぶ借財整理を商人たちと交渉したのである。

まず、財政改革の内容を商人たちに説明した。恐らくは大坂蔵屋敷★の廃止や殖産興業による収入の増加、年貢米の運用などであったろう。

そして、新借については十年期、古借については五十年期の返済期間の延長を申し出た。加えて、今後、新たに借財を乞うことはないとした。

方谷のこの申し出にまず快諾したのは、加島屋（長田）作次郎★であった。以下の商人たちもそれに応じたことで大きな課題であった大坂での借財については、見通しが立ったことになる。

ただ、方谷の後日談によれば、この借財は改革を始めて三年間ほど整理に追わ

▼大坂蔵屋敷
江戸時代、諸藩などが年貢米、特産物を収納、取引を行う目的で設置したもの。他の地域にも置かれたが、大坂に置かれたものが最も多かった。

▼加島屋作次郎
加島屋長田家の分家。諱は政均。米関連の豪商。堂島米市場の米仲買・両替として富を蓄え、大名貸を広範に行った。一八一四〜一八九一。

れたと語っている。数百条もある借財に魔法をかけたようにすんなりと結果を出した訳ではないのである。

余談ではあるが、最初に方谷の依頼に快諾した加島屋作次郎は、平成二十七年度（二〇一五）下半期に放送されたＮＨＫ朝の連続テレビ小説「あさが来た」のモデルとなった、大坂加島屋（後の大同生命）とは別家である。ドラマのモデルとなったのは加島屋広岡氏であることを申し添えておく。

方谷の負債整理については、大坂での逸話が特に有名であるが、江戸、領内の商人に対してはどうであったのだろうか。「借金蕩平論《しゃっきんとうへいろん》」によれば、その場しのぎの借財については「蕩平《とうへい》」という言葉を使っている。意味は「打ち負かす」などであるが、負債整理を「戦」と捉えて臨んだ方谷ならではの言葉である。

ただ、ここで誤解を招かないようにいうと、「蕩平」は単純な「踏み倒し」ではない。数百条もある借財には邪正、虚実、廉貪の差がある。これらを吟味し、返済すべきもの（償還）や期限の延長、献金とするもの（蕩平）などを洗い出した。古借とされるものが五十年期の返済とされたのはその例であろう。

現在、巷では方谷の負債整理に疑念を抱き、負債の大半を踏み倒すことで、財政再建を果たしたと見る者も多くなってきている。確かに当時の藩政改革の中には、借用証文を商人から提出させ、焼き払ったり、二百五十年期の返済期間を押し付けたりと、様々な手立てが取られてきた。まさに「切取強盗は武士の習い」

である。それに加え、方谷自身が残した漢詩を証拠として揚げ足を取る者もいる。
ここで二首の漢詩を紹介しておこう。

三島中洲の韻に次す　二首
暴残　債を破る官に就きし初め
天道は還るを好み 籌《はかりごと》 疎ならず
十万の貯金一朝にして尽く
確然と数は合す旧券書

三島中洲の漢詩に続ける　二首
強引に債務をなくした。役職についた始めに
天は均衡を好み、謀《はかりごと》を漏らさない
十万金の貯金はわずかの間に尽き
確かに債券と金額は合致する

債を破り財を治めて俗流を逐《お》う
靦然《てんぜん》として自ら称す聖門の儔《ともがら》と
邦の為剰得す人情の悪
勇且つ知は方《まさ》に仲由に恥ず

債権をなくし財政を治めて俗に身を置く
厚かましく自らを古代の聖人に例える
その上、国のため人情の悪を得た
勇気、智慧はまさに子路に恥じる

方谷も蕩平論の中で

「(前略) もし奪掠無名なればそれと覚悟して俗諺に切取強盗は武士の習と
いへる心に成て中途に至る義理に拘り羞悪廉恥の為に一心を動かさざる事至

要なるべし」★

としており、踏み倒すのであれば相応の覚悟で行うべきと主張している。

しかしながら、これは藩主板倉勝静の意志でもあったが、改革の趣旨は蓄財ではなく、義理を重んじ、商人の信用を失墜しないところにあった。したがって、方谷は可能な限り、商人の信用と義理を立てながら、義理有名のものは償還し、それに反するものであっても、返済期限延長や献金として商人の名誉を重んじた形を取った。結果として、大坂・江戸では十中八九は「蕩平」にあたり、領内近隣の商家について十中八九は「償還」となった。

改革の結果をまとめると次のようになる。改革当初の藩の年収は三万両弱、支出は年収の同額、新借一〇万両、古借数万両、新借利息一万両、古借利息数千両である。改革より八年後は、年収は五万両、支出は三万両弱、新借返済、古借三分の一弱　新借利息無し、古借利息無しとなっている。これにより、蓄財が可能となり、常時三～四万両の蓄財を可能とした。収入増加の主因である産業振興は後述する。

このように、方谷は藩の財政運営を根本から見直すことで、改革を次の段階へと推し進めていった。

▼（力づくで奪い大義もないものであればそれとして覚悟して、俗にいう切取強盗は武士の習いといえる心で行動し、途中で義理に引きずられ恥じて覚悟が動かさないことが重要である）

藩札刷新

備中松山藩では、元禄十六年（一七〇三）、安藤氏時代に一匁札《いちもんめさつ》★（藩札★）が初めて使われた。次の石川氏時代も同様のものが使用されたが、板倉氏の治世になって、新たな藩札が発行された。

三島中洲の手記によれば、延享年間（一七四四～一七四八）には札座が置かれ、一匁の藩札の発行が始まった。寛政年間（一七八九～一八〇一）には五匁札が発行されたが、交換できる銀、銅貨は十分準備されていた。しかし、藩財政に交換用の通貨を流用し、結果交換準備金が不足してしまった。

そこで、藩財政の支出元と準備金を切り離し、一度は正常になった。その後再び藩財政で準備金が使い込まれ、両替が差し支えた。文政年間（一八一八～一八三〇）両替を新設の札座と御用商人に引き受けさせて、御用商人からの運上銀を札座へ納入させ、両替準備金として充てる方法を考え出した。これにより、運上方と札座が統合し、積立金は潤沢になり、準備金は十分となった。

しばらくして、藩財政に両替準備金を再び流用し始め、藩札を銀に替えるという両替が困難になった。天保年間（一八三〇～一八四四）新五匁札を発行したが、莫大な枚数を出したことで、準備金は賄えたものの、あまりの多さに短期間で藩

▼一匁札
江戸時代の通貨は一般に金貨の単位（両、分、朱）で示されることが多いが、当時は東日本は金を中心に使い、西日本は銀を中心に使っていた。そのため銀貨の単位（貫、匁、分）が西日本では使われていた。

▼藩札
江戸時代、諸藩が領内の貨幣不足を補うために発行した兌換紙幣。必要があれば両替商などから金属貨幣（金、銀、銅）と交換できた。

札の悪評が立ち、取り付け騒ぎが起こり大混乱となった。こうした背景の中、山田方谷が登場したのであった。

　方谷は、嘉永年間（一八四八～一八五四）に藩財政の規則を明確にし、不明確な流用を行わないこととした。その上で、新五匁札を市場から引き上げるために準備金のほとんどを藩札との交換に用いて、新五匁札を回収したが、新五匁札は大量に市場にも流通していたため、十分回収しきれなかった。そこで永銭《えいせん》★と呼ばれる藩札を新たに発行し、これを通貨に用いて、市場の藩札を徐々に入れ替えることを実行した。永銭は金、銀が混同しても交換比率が一定で交換しやすかった。永銭兌換の準備金の不足分には方谷も大坂から借財し、一五〇～一六〇貫（二五〇〇～二七〇〇両＝七億五千万～八億一千万円）を借り出し、それにあてている。

　ここで問題となるのが永銭の信用である。藩札はあくまで信用貨幣であるので信用がなければ流通するものではない。そこで方谷は、嘉永五年九月五日、回収した五匁札、藩庫に保管してあった五匁札、そして傷んだ札合わせて七一一貫余り（約一万二〇〇〇両＝約三六億円）の藩札を近似河原《ちかのりがわら》（現高梁市落合町近似方谷橋西詰）で奉行役、元締役、吟味役、御目付、徒目付、札座役、御用商人などの立合いのもとに焼却した。午前八時から午後四時までの時間を要したという。近似河原は城下本町の西対岸であり、城下からの渡し場の船着き場があった所で、城下の人々に周知するには都合のよい場所でもあった。そして、五匁札の版木は二つ

▼**永銭**
永銭勘定の略。金一両を銀六〇匁と決め、それぞれ永銭札一〇〇〇文で交換する計算の仕方。備中松山藩では一〇〇文札、一〇文札、五文札とがあった。

近似河原現風景

に割り、一方は札座に預け、他方は御用商人に預けた。

さらに、二年後の四月十一日、城内勝手方と札座方に封印してあった五匁札三三〇貫分を会所の御用所で、元締役、同加勢、御目付が立会い、また御用商人を差し置き札座役、城下の店方からも立ち合い、切り捨てた。実に一〇四一貫余り（約一万七三五〇両＝約五二億円）の藩札を廃棄し、多くの商人に周知徹底を図った。

方谷の理想は、藩札を使うことなく、正金で取引を行うことであったが、実際には市場の要望もあり、少額の藩札（永銭）は残ることになった。また、方谷の証言として「余ハ我藩財様ニツキ過半ノ力ヲ藩札ノ運用ニ用ヒタリ」との言葉が残っており、いかに藩札運用が困難であったかがわかる。備前岡山藩でも「札崩れ★」が起き金融が安定しない中で、河井継之助の日記「塵壺」安政五年（一八五八）七月十六日条には、備中松山藩の永銭が信用され、領外でも流通していることが記されている。

▼札崩れ
準備金と藩札の発行量のバランスが崩れ、インフレを起して準備金との交換ができなくなり機能不全になること。

産業振興

嘉永三年（一八五〇）、負債整理の目途を立て、改めて藩主板倉勝静に藩財政収支とそのための見通しを言上した。この時点での方谷の算段は、七カ年で四万両の払い込みで、およそ新借の半分を減少させることであった。

安政二年（一八五五）、方谷は、藩政の急務として藩士の借上げ米の返却、農民の課役の減少、町人の金融融通と交易の活性化の三カ条を挙げた。したがって、産業振興は単なる収入増加を目的としたものではなく、領民が富むことによって経済を活性化するというものであった。

同様の改革の例として、会津藩の田中玄宰《たなかはるなか》★、近い年代では米沢藩の上杉鷹山《うえすぎようざん》★の改革を方谷は高く評価しており、同様に出雲松江藩の松平治郷《まつだいらはるさと》★、薩摩藩の改革にも注目している。

経済活性化のため、方谷は収納米以外の収入源を考えなければならなかった。方谷が打ち出したことは、「撫育方」の設置である。撫育方は年貢米以外の藩内のあらゆる生産物を収める役所とした。

また、産物を売り払う「産物方」を江戸中屋敷に設置し、収入を藩庫に直接納めるようにした。これによって先に挙げた急務三カ条を達成しようとした。

産物として一番に挙げられるのが、「鉄」である。方谷は領内にある鉄資源の開発と、それを加工する仕組みを作り上げた。鉄山は現在の新見市内にある吉田、三室（大成山《おおなるやま》）を開発、さらに千屋（現岡山県新見市千屋）の鋳長山《いおさやま》を買収して鉄資源の増産を図った。

これには、山陰の出雲国、伯耆国の技術者を縁故によって招き、事業を行わせた。特に、三室の大成山のたたら場は、代表的なものである。ここには、伯耆国

▼田中玄宰
江戸時代後期の会津藩家老。藩政改革に着手し、藩校日新館を開き学問も奨励した。「東藩の名臣」と称された。一七四八～一八〇八。

▼上杉鷹山
江戸時代中期の米沢藩九代藩主。藩主着任から藩政改革を実施し、その堅実な手法は高く評価された。儒者細井平洲を招き、学問を奨励した。一七五一～一八二二。

▼松平治郷
江戸時代後期の松江藩十代藩主。藩主着任から藩政改革を行い、殖産興業などに実を挙げた。茶人としても著名で、不昧の号をもって不昧流をおこす。一七五一～一八一八。

から鳥取藩の大庄屋で製鉄業を行っていた木下氏をあてていることが知られている。木下氏は鳥取藩中においても大庄屋筆頭ともいわれる家柄であったが、嘉永六年（一八五三）、木下万作が当時、藩領であった哲多郡油野村（現高梁市備中町油野）に一族と移住し、大成山の製鉄に尽力した。

このように、方谷は用いることのできる情報、人脈を駆使して産業振興を図り、そしてその要は、何においても鉄であった。

一口に鉄といっても、様々な形に生産加工することで、需要に答えている。そのために、たたら製鉄の場から、高梁川を通じて、備中松山城下西岸に取り立てられた鍛冶場（当時、相老町《あいおい》。現鍛冶屋町）に直接運び入れる仕組みを整えた。

まずは「鉄」。様々な鉄器の材料である。比較的炭素含有量が少ない鋼のことと思われる。備中松山藩では、反射炉が建造された痕跡はないので、伝統的なたたら製鉄に拠るものである。そのほとんどが領内から算出されたものである。次に、「銑鉄」。炭素含有量が多く、硬いがもろい。主に鋳物の材料となるもので、鍛えることによって、炭素を軽減し、鋼として使用することもできる。

それから、「釘」である。釘は比較的製造が容易である。江戸は火事、地震が多かったが、復興も現在と比較しても極めて早かった。下町の長屋などが類焼しても、大八車数台の材料で一軒分が建てられ、三カ月ほどで復旧したという。当然釘も多く用いられる。このことを見込んで江戸へ輸送した。

相老町（現鍛冶屋町）

さらに「稲扱《いなこぎ》」である。江戸時代、農業発展に寄与した農具は、現在の歴史教育の場でもいろいろと紹介されているが、その中でも、備中鍬《びっちゅうぐわ》、稲扱（千歯扱）、唐竿《からさお》、唐箕《とうみ》などが有名ではないだろうか。その中で近年、方谷の行った事業で、備中鍬の生産、普及に貢献したことを指摘されることが多くなった。

しかし、結論からいえば、これは大きな誤解がある。まず、現在の日本史の教科書で、江戸時代の農業発展については、江戸時代中期、八代将軍徳川吉宗の紹介がされるあたりで学ぶものである。当然、備中鍬もこの時教えられる。つまり、基本的に農具の発展はこの頃に大きな変革がもたらされたということである。

また、備中鍬という名称の用例について、『日本国語大辞典』（小学館）では、近松門左衛門の人形浄瑠璃『国姓爺合戦《こくせんやかっせん》』（一七一五）から引いている。具体的な形状は、農学者大蔵永常著『農具便利論』（一八二二）に歯が三つあるいは四つある鍬として図解で紹介されている。『農具便利論』が発刊されたのは方谷十八歳の時である。なお、このような形状については弥生時代の出土品からも確認されていることから、高い独自性があったとはいえない。

繰り返しになるが、方谷の殖産興業で備中鍬が造られていたことは否定しない。つまり、よくわからないが、方谷の発明品であったり、方谷が名称をブランド化して全国に広めたり鉄生産における販売製品の主力ではなかった。

では、なぜ稲扱なのか。これまで多くの研究者は、方谷の伝記の中でその製品

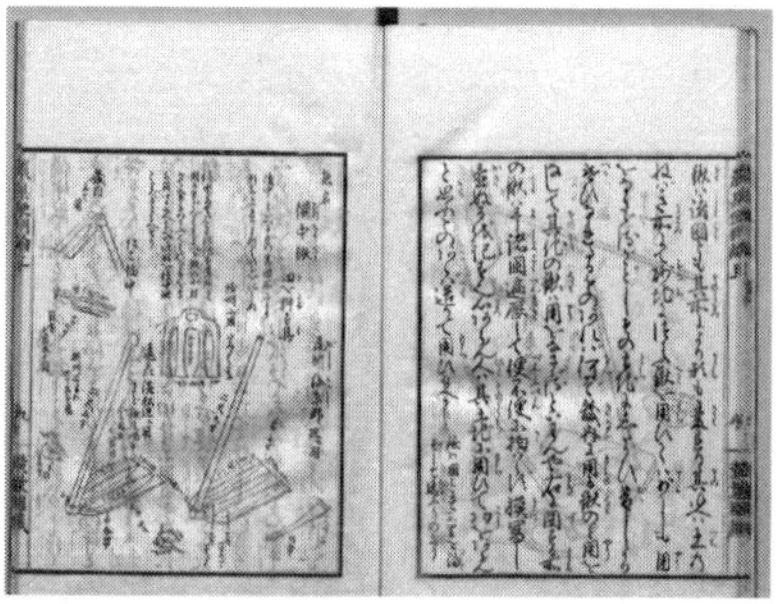

『農具便利論』備中鍬
（国立公文書館蔵）

を「農具」とのみ記してきた。確実に何を製造していたかの明言はされてこなかった。先に記した通り、備中鍬ではなく、ここでは稲扱と明記しておきたい。なぜ稲扱かといえばそれは、史料に明記され、唯一製造が確認できる農具だからである。

一つに『全集』一三九四頁「産物種目」と題された史料に記載されていることが挙げられる。二つには、『藩政一覧表材料三』稿本　修史局第三課編（国立公文書館内閣文庫蔵）に収録されている史料による。

備中松山藩は、明治維新時、取り潰しや領地替えを逃れたとはいえ、明治二年（一八六九）、表高二万石（実高一万六千石足らず）、収納高八千六百石足らずという処分を受け、領民も四万人余りから二万人余りに減少した。

藩名も高梁藩と改称させられた中で、産物として挙げられているものは、鉄、銅などの鉱物資源は挙げられていないが、檀紙、稲扱、薪、葉煙草、刻み煙草の五種が明記されている。

以上の内容は大谷光男著『幕末・明治初期の松山の金融』に拠るものであるが、方谷の奨励した産物の内、藩が言わば瀕死の状態であってもなお、稲扱は明記されているのである。

最後に、稲扱の起源について触れておきたい。稲扱以前の脱穀手段として、平安時代の頃から扱箸《こきばし》があった。二本の竹などでできた手に収まる大きさの棒を紐

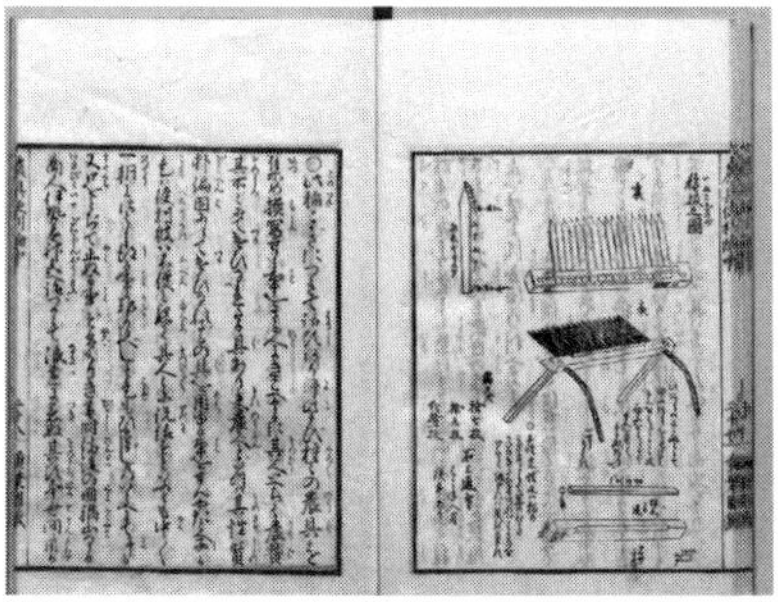

『農具便利論』稲扱
（国立公文書館蔵）

でつなげ、二、三束の稲穂をはさんでこそぎ取る道具である。これに代わって、鉄製の稲扱が江戸時代中期頃から普及し始める。扱箸の三倍ほどの効率で脱穀が可能となり、昭和初頭まで用いられた農具である。生産地は各所あるが、備中国の近隣では、伯耆国倉吉（現鳥取県倉吉市）が著名であった。販路は関東にまでおよび、明治時代後期から大正時代初期に最盛期を迎えている。

方谷は産業振興にあたって、山陰地方から技術者を積極的に招いていた。鉄山を任せた木下万作も伯耆国の人である。こうしたつながりから、稲扱製造の技術も呼び寄せたことは想像に難くない。ことに安政年間（一八五四〜一八六〇）には鉄価格が高騰していたということもあって、方谷の財政改革の大きな原動力になったことだろう。

次に葉煙草である。煙草は、山地の多い備中松山藩領にとって、栽培に適している植物であったため、生産が奨励された。生産が盛んになったのは、もう少し古く水谷氏支配時代からであるが、方谷は撫育方を通じて藩収入に直結するように制度化した。

次に「木綿」「足袋《たび》」が挙げられている。領内八田部村（現岡山県総社市中央他）での栽培が盛んであった。農産物であるため、収穫の多寡、需要の多少があり、それぞれに応じて、買い入れや販売のてこ入れなどを検討している。

次に「茶」である。少なくとも領内今津村（現高梁市津川町今津）では栽培されており、当時高額なものとして富国の基本となることが期待されている。

さらに「はじ（ぜ）」である。蠟《ろう》の原料となるはじは、茶と同じく高価なもので、収入源になることを期待されたものであった。領内下倉村（現総社市下倉）同日羽村内作原（現総社市日羽）に植え付けられ、それぞれ花を付けたことまでは確認できる。しかし、蠟の生産が軌道に乗ったことは知られておらず、主力商品とはならなかった。

同じように試みられたのが御種人参《おたねにんじん》（高麗《こうらい》人参）である。栽培場所は特定できない。ただ、御種人参の栽培に成功して、財政に貢献させたのは幕府であり、出雲松江藩でも主力商品となっていた。こうした背景から方谷も注目したと見られる。残念ながらこれも生産を軌道には乗せられなかったようである。

結果として、年一万数千両の収入を上げ、江戸屋敷の費用を賄った。改革以後常に三万〜四万両の蓄財を可能にし、臨時出費にも機動的に対応した。

上下節約

江戸時代後期に入ると、その社会構造、経済構造の矛盾によって、それを是正する改革が必要となってきた。というより「改革」とは新しい構造が構築されたと同時に必要とされるものであると感じる。完璧な構造はないのである。

ことと財政改革については、判を押したように「節約」「倹約」がまずはじめにいわれる。方谷の改革も例外ではない。

方谷は、財政悪化の原因は贅沢と賄賂であると断じた（「対策に擬す」）。倹約は綱紀粛正と同時に行われ、為政者の側から始められた。下★に記す倹約令は武士を対象としたもので、その態度をよく示している。

これらの条項は、贅沢を戒め、無用の贈答は控え、身分を明らかにすることが認められる。この倹約令は改革の早い段階で出されていることも注目される。

庄屋層に対してのそれはずいぶん後の慶応元年（一八六五）に出されたものが残っている。慶応元年の段階でも出されているということは、裏を返せば、実際に行われている事例があったということである。そして改革は数年で終わるものではなく、絶えず是正されていくことが必要なのである。

方谷はその生涯を通じて質素であった。残る遺品からもそれはわかる。文人であれば、文房四宝つまり筆、墨、硯、紙を珍重したり、雅号印が特別なものであったりするが、方谷にはその形跡がない。残されたのは木製の大きな硯と石の硯が一点、そして、小さく摩滅した印が複数だけである。また、武士の表道具★であった当世具足も新調ではなく中古品を修理したものであろうと推測されている。

その他にも、家計は藩士で札座役の塩田甚兵衛に任せガラス張りにし、元締役を受けた後は、商人や庄屋達と不必要な面会を避けた。

▼
一　拝領の紋服類は、裃(かみしも)肩衣(かたぎぬ)を始め、何れも着用を許す。（後略）
一　着服、男女子どもまで夏冬とも木綿麻を使用。（後略）
一　食事は吉凶共一汁一菜吸い物で、酒はよいが、一吸一肴に限る。音信贈答は無用。新役への振舞等も無用。
一　諸役人、家中の者は飲食衣服などを比べて差別してはならない。
一　すべて衣服類は目立つ染色、小紋または流行の品は禁止。
一　六十歳以上が医者にかかることは例外。
一　櫛かんざしは竹木に限る。かんざしは銀一本、但し房は無用。履物の縁取りも無用。
一　これ以後、貴賤高下は差別する。（身分を明確にする。分をわきまえる。）
一　常に裃の者は肩衣を着用。それ以下の中小姓までは割羽織着用。
一　徒小姓、士格は丸羽織着用。
一　組外以下の者は羽織の着用は無用。
一　役人宅へ常々出入りすることは禁止。
一　役人が村々に出張しても内々にでも馳走は禁止。
一　分不相応に年の暮れ、出先で贅沢は禁止。
一　諸帳面、算用書面を明白にせず、差

一般庶民は贅沢や賄賂などは、余裕も人脈もなく縁遠いことであったろう。「村の暮らし」で見たように、年貢納入や治安維持に関しての禁令は重視されているが、その他のことについて特別強制されている節はない。それに比べ、為政者とそれに近い人々はどうしても癒着し不正が起こりやすい。方谷が「対策に擬す」で強く述べた贅沢と賄賂の戒めは、藩政改革の根本として初めから終わりまで繰り返し求める必要があったのである。

方谷は「士民撫育」★を殖産興業の目的に置いていた。下方が潤沢になれば上方は自然と豊かになると考えたからである。そのため、単なる経費削減の節約ではなく上方の綱紀粛清によって政策を円滑に進める必要があったのである。民政については藩主勝静から「民政の儀は、大切の儀」として、厚く心得置くように指示があり、方谷も改めてその対応に腐心したことだろう。

民政刷新

嘉永五年(一八五二)五月、方谷は郡奉行兼帯を命じられたのを機に、藩財政だけでなく、領内の各村などの情勢に直接向き合うことになり、その後の改革において、さらに広範囲に政策を打ち出せるようになった。

方谷は土地の繁栄の根本はその土地の気風、風習が正しいことを挙げている。

引、内訳を百姓に隠すことは禁止。
一 村方の自治が細密で念入りでなく、役目の支出を多く掛けることは禁止。
一 肝煎、組頭への指示が不十分でも捨て置き、また気に沿わない者を助けないことは禁止。
一 百姓に温情を掛けず、威丈高に対応することは禁止。

▼表道具
身分や職業を象徴する道具。

▼士民撫育
武士、民衆ともに常に気を配り、大切にすること。

財政改革についても同様であるが、方谷の改革は、人の有り様の根本から見直すことを中心に据えた。対応策としては迂遠のようであるが、それを揺るがせにしなかった。まず、賄賂を戒め、賭博を禁じ、盗賊などを取り締まり、貧村の救済を行い、道路を改修し、水利を通じるなどの農村部の刷新と社会基盤の構築を進めた。

また、大坂蔵屋敷廃止と関連もあると思われるが、領内六二カ村の内、従来の年貢米収納の倉に加え、四四カ所に郷倉と呼ばれる貯倉を設けた。大坂の廃止に伴い、一万三千石余の年貢米を常に大坂へ輸送する必要がなくなったこともあって、藩の米蔵に加え、こうした蔵を新設した。この米は、一つには飢饉などの災害し、食糧難に陥った場合の救済米と利用するためのものとされた。毎年、新米と入れ替えることで、その継続性を保った。

もう一つは、大坂だけではなく全国の主な米市場の相場を見極め、有利な時に積み出し、売り払う機能も果たしていたことである。収納米の現物を米市場に輸送する場合、一度に大量には無理である。現在の高梁川の水運として利用された高瀬舟も一艘につき大きいもので五十石積みであったし、海上輸送も当時は船の積載量に制限がある。そのため、どの藩も、何回かに分けて輸送していたのが実際である。

そこで現物に代わる米切手を発行し、現金と引き換えるという制度ができた。

現物は取り引き成立後順次市場へ輸送されていた。

米の相場は、その年の各地方の作柄によって変動する。江戸幕府は各藩の運営が健全に行える安定した米相場を目指していたが、一部では先物取引のように相場が乱高下するような仕組みもあった。藩の収納米は正米といわれ、そうした投機的な取引の対象にならないのが原則であったようだが、幕末期には、こうした投機的相場に引っ張られて、正米の相場にも影響していた。

方谷はそうした時期を見計らい、いち早く藩の米蔵や各村内の郷倉から積み出し、有利な市場で現金に換え、収入に充てた。こうした作業は、当然米の収穫時期に行われるもので、郷倉には再び新米を運び入れて対応した。

方谷は、年貢米の取り扱いを改革によって大きく変更したが、藩の正式な収入は年貢米であることを崩すことはなかった。

ちなみに、領内に四四カ所設けられた郷倉は、一棟のみ現在の高梁市巨瀬町に現存しており、市指定重要文化財（建造物）となっている。

方谷の年貢米に対する改革は、藩収入の軸となるのは、年貢米であるという古来の制度を踏襲するものであった。大坂蔵屋敷は年貢米を大坂堂島で現金化するために設けられた役所であったが、ここを廃止することによって、その管理費用の節約、借財の抵当として年貢米を押さえられることを防ぎ、相場に合わせ有利な状況で自由に換金できる体制を作ることに成功したことになる。

現在の玉島港（備中松山藩の物資が行き交った）

こうした米の運用は、農民が確実に年貢米を納入することが大前提であり、集約する庄屋の態度が健全でなければならない。前項で節約に言及したが、節約を促すと同時に庄屋層の規律を正すことも念頭にあったのである。

文武奨励

藩主の仕事には、春秋の年二回、藩士の学問と武芸の成果の見分が挙げられている。学問は素読と講義、武芸は試合、型、射的が各流派ごとに披露された。武士の素養として文武は位置付けられたが、泰平が続き、学問武芸の出来不出来よりも、どの役職に就くかが重んじられる風潮があったという。

文武奨励は、本来個々の武士の素養向上を目的とした。しかし、直接的な理由は、移り変わる時世の把握と対処、幕末に訪れた外圧による危機感に対応するために個々人の力量を向上するというものであった。役職の良し悪しではなく、時代を切り開く人材が求められたといえるだろう。

安政二年（一八五五）九月十六日には五カ条の指針が示された。

一つ目は、銃陣砲隊の制度を定め、実行する上で、日頃から役向きや勤務にかかわらずその制度に応じ、制度を持続させることが重要であるので、改正の通り制度を厳守することが求められた。

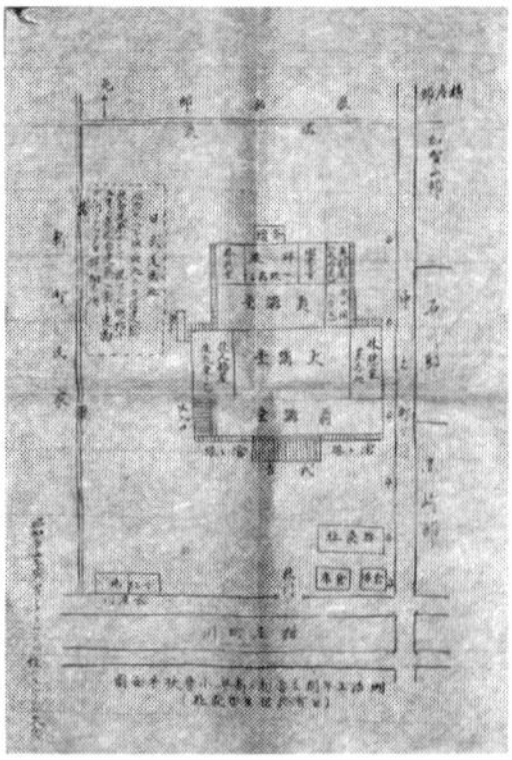

藩校有終館平面図写（高梁市歴史美術館蔵）

二つ目は、藩の役人は文官、武官の役職は分けて任用しているが、結局藩は一体のものであるので、文武は左右の手のように助け合わなければならない。双方が争うことがあれば罪を問うとしている。これは往々にして文の立場を武の立場から侮る風潮があることを考慮しての取り決めであろう。

三つ目に、藩士は三十歳までは文武両道を心がけ、その後文官、武官を分けることを基本とした。ただし、抜群の結果を残すものは、年齢にかかわらず抜擢するとされた。

四つ目は、文官、武官それぞれの役職について精通することは大事であるけれども、文武両道を心がけることはさらに評価されることとした。

最後に五つ目は、年寄役は文武両道を常に心がけることを推奨している。

以上のように、この時期の文武奨励は庶民にいたるまでの教育を奨励したというより、士分に対して文武両道を心がけること旨としたことが読み取れる。その結果、文に励む者は各地に遊学し、武に励む者も各地に武者修行に赴いた。武士層の学問探求は多くの私塾を生み、さらに庶民の寺子屋の増加をもたらした。藩が運営した藩校や教諭所★に加え広く領内に教育の場が広がったことになる。また武者修行に出る者が増えることで、領内の庶民にも武術指南が行われ、浸透していった。現在もその時に出された免許や目録が残っている。

方谷は学者として立ったが、鎗術や乗馬も身に付けていた。また、武者修行に

▼教諭所
武士を対象とした藩校（学問所）に対し、庶民の教育を目的とした藩営の教育機関。

出る藩士には英名録（武者修行を行う者が訪れた道場の名簿を書き留める帳面）に序文を贈り、はなむけとした。

方谷が英名録序を贈った者は、横屋憲蔵《よこやけんぞう》、水川圓蔵《みずかわえんぞう》、野島鐵太郎《のじまてつたろう》、吉田文治郎、森川安三郎、辻光太郎（長槍、築後柳川藩遊歴）、村上提《つつみ》（剣術北辰一刀流、江戸遊歴）、熊木百太郎《くまきももたろう》（長槍、築後柳川藩遊歴）、団藤善平（剣術、筑後久留米藩遊歴）、井上謙之介（剣術、筑後久留米藩遊歴）、桑野武彦（剣術新陰流　美作津山藩遊歴）、水川義三郎（圓蔵の子、槍術、筑後柳川藩遊歴）が知られている。いずれの英名録序も方谷が四十六歳から六十三歳の間に書かれており、藩政に影響力のあった時期と重なっている。

また、藩内にも武芸師範が各流派に存在し、剣術新陰流熊田恰、剣術直心一派谷二治郎などが教えていた。土佐藩士武市半平太★（瑞山《ずいざん》）が修行に訪れ、英名録を残しているが、これには当時の備中松山の武術師範と門人の名が記されている。

この時の文武奨励は、藩士の意識向上を目的としているが、根底には内憂外患の危機に直面していることが影響しており、次の軍制改革にもつながっている。

軍制改革

日本において戦国時代には火縄銃が大量に運用され、戦場では勝敗の帰趨を決

▼武市半平太
幕末の土佐藩の剣客、勤王家。土佐勤王党を結成、尊王攘夷運動を展開するが、結果土佐藩から弾圧され切腹した。一八二九～一八六五。

するのに重要な要素となった。その一方で大砲は、一部では効力を発揮したが、大規模に浸透することがなかった。

江戸時代は泰平の世が続き、武具の発展はほとんどなく推移した。しかし、幕末は帝国主義による欧米列強の侵略の脅威にさらされ、特に軍事面で早急な西洋化が求められるようになった。この実情は尊王攘夷運動と矛盾しながらも、幕府始め諸藩でも模索されていた。

弘化四年（一八四七）四月、方谷は美作津山藩に天野直人を訪れた。この時、弟子三島中洲を同伴していた。天野は砲術家高島秋帆《たかしましゅうはん》から砲術を伝授された人物である。方谷は津山本源寺に滞在し、一カ月かけて臼砲（モルチール砲）、忽微砲（ホイッスル砲）の技術を習得した。帰藩後、二門を鋳造し、藩内に伝授して段階的に古流の砲術の脱却を図った。これが備中松山藩軍制改革の濫觴《らんしょう》である。さらに方谷は備中庭瀬藩板倉氏の家老渡辺信義からも大砲の技術を学び、嘉永二年（一八四九）閏《うるう》四月には再び津山に赴き、「ボンベン（施条カノン砲）」の技術も会得した。方谷自身は幕末の大砲の主たる様式を把握した。

その後は養子山田耕蔵、藩士塩田雄司などに西洋式軍制を学ばせ、累代の砲術家で澤田《たくでん》流の日高訥蔵《ひだかとつぞう》に砲術諸流《ほうじゅつしょりゅう》の統一をさせて御家流《おんかりゅう》砲術を創始した。

砲術と合わせて、西洋銃陣についても考察しており、日本の従来の軍制と西洋銃陣の長短を述べている。

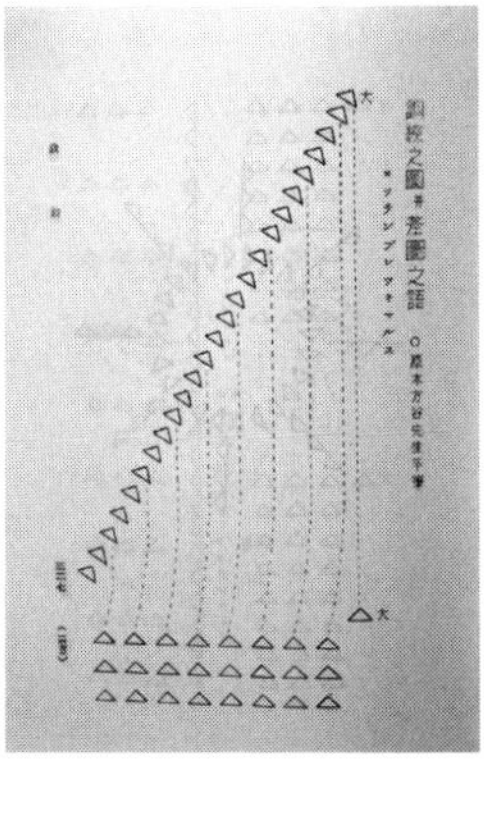
銃陣図（『山田方谷全集』第二冊所収引用）

よず、従来の軍制は代々の俸禄をもとに、主人と郎党とで構成された軍団であるとする。その長所は普段から主従の関係があり結束が強く、個々の能力が群を抜いている点である。しかし、短所は人数が少ない点である。武士層が人口の一割に満たないことを考えればうなずける。

それに対して西洋銃陣は、容易で自在の運用ができることに長所があるとしている。一般人の募兵で構成され、個々の能力は低いけれども人数も多く編成できる。しかし、短所として烏合の衆であることと、十分に普及させるには俸禄と格式が固定されている現在では早急に適応できない点であるとした。

このような見識のもとで、方谷は初めに農兵隊の創設に着手した。『全集』では嘉永五年（一八五二）条に農兵隊および銃陣の採用の件がある。藩領が山間にあり、東西に数キロメートルでありながら、南北に八〇キロメートルもあり、有事に藩境の守備が十分に整わないことを憂慮してのことであった。

そこで庄屋層の壮健なものに、銃と剣の技術を学ばせ帯刀を許し、庄屋隊を編成した。従来の格式に沿いながら下士官の養成をしたことになる。ここで剣術の指導をしたのが武者修行で技を磨いた団藤善平、清水寿助などで、目録も彼らの名前で発給した。次に領内の猟師、成年男子を集めて銃隊を組織した。庄屋隊が技術指導し、銃器弾薬を支給して装備を整えさせた。訓練は農閑期に行い西洋銃陣を身に付けさせた。これが農兵隊である。当初、庄屋隊、農兵隊の訓練は矢場

桔梗河原現風景

（現高梁市伊賀町）、桔梗河原（現同市落合町近似）で長沼流の調練が行われた。軍師に加賀山程蔵、服部陽輔らが就き、農兵には鉄砲、弓、長槍を持たせ訓練を行なった。ここから徐々に西洋銃陣に変えていったのである。

安政二年（一八五五）十月、先に記した銃砲術の統一が行われた。沢田流、武衛流、荻野流の三派に西洋流を合わせて御家流と呼称した。

安政五年、長州藩士久坂玄瑞《くさかげんずい》が来遊し、進鴻渓の城下の邸宅で食事をしていた。その時にわかに砲声が響き、久坂は驚いてその理由を聞き、走って外に出て大勢の群衆に交じって見物した。それが桔梗河原で方谷が指揮する西洋銃陣の調練の姿であった。久坂は長州藩に比べて精錬されていることを驚いたという。この事から、安政五年の段階で庄屋隊、農兵隊は完成に近い状態であったと考えられる。

この頃、方谷は城下の武士に対して、城下防衛と貧困の脱却を念頭に在宅土着政策を進めた。屯田兵制《とんでんへいせい》★に似た制度である。特に城下東方の野山（現岡山県加賀郡吉備中央町岨谷）は南方と東方の守備の要となる地域であり、重点的に在宅土着を進めた。方谷も隠居願を出し、城下を出て北方の西方村長瀬に居を構えた。

方谷は合計三大隊の創設を考えており、前備、旗本備、後備の三軍で運用することを念頭に置いていた。また実際の規模は、農兵だけで九八〇人の兵を募り、一大隊二〇〇人余りで組織し、全体で一〇〇〇人規模の編成であったと考えられる。使用していた銃は、当初ゲベール銃を用いられたと見られ、慶応年間（一八

▼屯田兵制
土地の開拓と警備を目的とした土着兵を置く制度。

六五〜一八六八）には順次ミニエー銃に入れ替えられたようである。一部ではエンフィールド銃も残されている。

銃陣に合わせ大砲の装備にも着手していった。鋳造にはお抱えの職人をあて、増員するなどして対応している。また、材料については、寺社の梵鐘、釣鐘、城内の金物や家中の所持している金物を買い上げ、銅山から産出する銅も買い入れて大砲鋳造に使用している。結果、慶応四年一月時点で九〇門余りの大砲を所有していた。

文久二年（一八六二）、川田甕江の建議により、洋式帆船を購入し、物資運動と軍備強化にあてた。アメリカ製のスクーナー船で、全長約三三メートル、幅約八メートル、三五〇トン（二千二百七十五石）積の帆船であった。それまで和船の運用を行っていたが、この洋式船は対波性に優れ、輸送量も飛躍的に向上したことで産物の運搬が安定するようになった。また、有事には大砲を積み込み、軍船として用いることも想定していた。

このように軍制改革で、着実に西洋化していた。一方で、武士層の西洋軍制化も進められた。慶応年間には藩士達にミニエー銃が支給された。その弾丸用の鋳型や鉛も供給され、各自作製した。こうして装備での西洋化が図られて西洋銃陣制度の完成を見たが、最後まで武士の意識を根底から改革することは方谷の手腕をもってしてもなしえなかったのである。

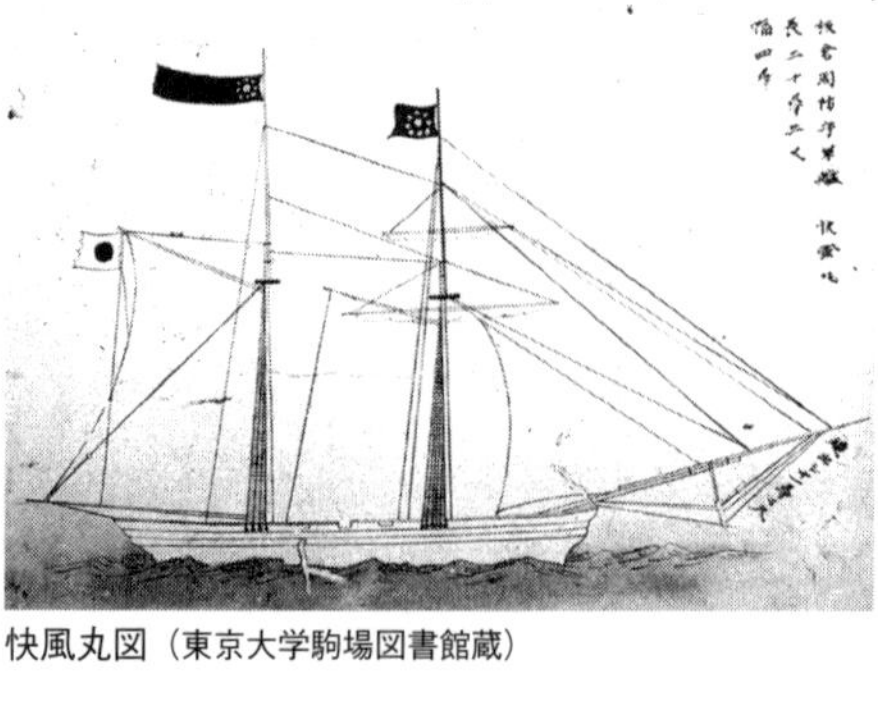

快風丸図（東京大学駒場図書館蔵）

③ 山田方谷の事跡

江戸時代、理財をもって特に知られた山田方谷。
しかし、その根底には、幕末最高の知性と評価してもいい陽明学への深い理解があった。

山田方谷の出自

山田方谷は、文化二年（一八〇五）二月二十一日に、備中国阿賀郡西方村（現高梁市中井町西方）の農商の長男として生まれた。名は球《きゅう》。通称は安五郎。字《あざな》★は琳《りん》卿《けい》。方谷は号である。

方谷は五歳の時（以下数え年）、新見藩儒丸川松隠《まるかわしょういん》★の門に入り、本格的な学問をはじめた。十四、五歳の時、相次いで両親を亡くし、二十一歳までは家業と学問との両立を強いられた。

二十一歳の時、農商の身でありながら学問をよく修めていたことが知られ、備中松山藩六代藩主板倉勝職から二人扶持を賜り、士分に取り立てられ、藩校有終館で学ぶことを許された時、再び、学問に専念する道が開けたのである。

▼字
実名以外につけられる名前。

▼丸川松隠
儒学者、備中新見藩儒官。大坂懐徳堂の中井竹山に師事した。寛政の改革で老中松平定信から竹山を通して幕府への出仕を打診されたが断っている。山田方谷の最初の師。一七五八〜一八三一。

以来、方谷には生涯を通じて常に学問の根本を重視する姿勢を見ることができる。それは、明治時代にいたり、教育に専心し、請われて講義を行なう時、最初には儒学の根本となる経書「大学」、「論語」を講義していることからも伺える。

方谷の学問の転機の一つが、京都への遊学である。

文政十年（一八二七）二十三歳の時、方谷は初めて京都遊学を果たした。入門先は丸川松隠の旧知であった寺島白鹿《てらじまはくろく》という儒者である。朱子学を旨とした白鹿を、方谷は三回にわたって訪れている。白鹿の詳細な経歴ははっきりとしない。白鹿は号で、名は天佑《てんゆう》、通称を俊平《しゅんぺい》、字を吉公《きっこう》という。丹波国の出身で、公家九条家の家臣である。白鹿と同時代には、九条尚忠《ひさただ》がおり、白鹿は彼の家臣と思われる。尚忠は幕末維新期の京都にあって、難局にあたった公家の一人である。

白鹿は弘化四年（一八四七）公家子弟の教育を目的とした学習院が開かれた時、講師に名を連ね『大学』の講義を行っている。嘉永三年（一八五〇）頃まで学習院で教鞭を執った。

方谷が訪れたのは、白鹿が住んだ京都御所の南、京都の中心の二条堺町東（現京都市中央区）であろう。周辺には多くの文人が行き来していたと思われる。こうした環境の中、学問の研鑽に励んだ。

この他にも、方谷は蘭渓禅師（経歴未詳）との応答を機に禅への造詣を深めている。しかしながら、一度目の遊学は一年足らずで帰郷することになった。「家

山田方谷像（小倉魚禾筆）
（高梁方谷会蔵／高梁市歴史美術館寄託）

務」のためといわれる。

文政十二年（一八二九）、二度目の遊学でも寺島白鹿の門を叩くが、半年ほどで帰郷した。天保二年（一八三一）から天保四年までの三度目の京都遊学は最も充実したものと考えられる。当初の寺嶋白鹿に加え、鈴木遺音《すずきいおん》★にも師事した。遺音は山崎闇斎《やまざきあんさい》★に基づく立場の学者であったといわれ、活躍時期は寺嶋白鹿とほぼ同時期であると考えられる。交友関係も広がり、春日潜庵《かすがせんあん》や相馬九方《そうまきゅうほう》といった人々と交友が広がった。

春日潜庵は名を仲襄《ちゅうじょう》、字は子賛《しさん》、叙爵して讃岐守を称した。潜庵は号である。京都烏丸《からすま》で、代々公家久我《こが》家の諸大夫★の家に生まれた。初め先の鈴木遺音などから朱子学を修めたが、『王陽明文録』を読み、陽明学者として立った。久我通明《みちあき》★・建通《たけみち》★に仕えた。

加えて、方谷は江戸遊学に出る直前の天保四年秋、王陽明の『伝習録★』を読み、一部を筆写して座右に置いた。このことは、善く陽明学を修める契機となった。陽明学への傾倒は、大塩平八郎★が記した『洗心洞箚記★』をいち早く国許の学頭奥田楽山《らくざん》に送り、有終館での紹介を促していることからも伺える。『洗心洞箚記』が完成したのは天保四年であったが、当初は家塾版であり、公刊されるのは翌々年であることから、方谷が当時の最新の学説にすばやく反応していたことがわかる。

▼**鈴木遺音**
江戸時代後期の儒者。京都の人。弟子に大塩平八郎、春日潜庵がいる。一七八三～一八四六。

▼**山崎闇斎**
江戸時代前期の儒者。最初仏教を修めたが、後、儒学特に朱子学を重視し、さらに伊勢神宮にたびたび参詣した縁で神道を学び、垂加神道を起こして神儒一致を唱えた。一六一九～一六八二。

▼**諸大夫**
摂関家、大臣家に仕える家来のこと。四位、五位の位階になる者もいた。

▼**久我通明**
江戸時代後期の公卿。中院通維の子。内大臣久我信通の養子。従一位内大臣となる。一七八〇～一八五六。

▼**久我建通**
幕末明治時代の公卿。一条忠良の子。久我通明の養子。従一位内大臣となり、和宮降嫁に尽力した。一八一五～一九〇三。

▼**伝習録**
中国明時代の儒者王陽明の言行録。門人との問答や書状を収めた書。陽明学の基本書籍。

天保四年、江戸遊学に赴き、佐藤一斎★の門人となりその私塾の塾頭を務めた。一斎と方谷の師松穏は懐徳堂《かいとくどう》★の同門であった。当時一斎と並び称された儒者松崎慊堂《こうどう》★は、方谷に半日相対し、慊堂をして方谷に対し「刮目《かつもく》のいたり」★と言わしめた。方谷の遊学は、この江戸遊学をもって終わることになった。

方谷と私塾

方谷は主に三つの私塾を営み、子弟教育を行っている。

まず、牛麓舎《ぎゅうろくしゃ》は天保九年（一八三八）、備中松山城下御前丁（現高梁市御前町）の方谷邸宅に開かれた。この二年前に、方谷は藩校有終館の学頭に任じられているから、方谷は公私ともに教育の場所を持つことになった。牛麓舎は「私塾」ではなく、特に「家塾」と呼ばれている。私塾の内、家塾は幕府、諸藩に仕えていた儒学者がその幕藩の求めにより、幕臣、藩士の子弟教育を目的に開かれたものをいう。牛麓舎にその要請があったかどうか具体的な史料は不明だが、有終館学頭就任とほぼ同じく開塾していることからも、単なる私的な塾ではなかったかもしれない。そうしてみれば、大石隼雄、進鴻渓、三島中洲をはじめとした高弟たちが、身分を超えて在籍し、後に藩を支える重要な人材として務めを果たしていることもうなずける。

▼大塩平八郎
江戸時代後期の儒者、大坂東町奉行所与力。名与力と称され、学問でも陽明学を修めた。『洗心洞箚記』を書く。天保八年（一八三七）大塩平八郎の乱を起こしたが鎮圧され自焼自尽した。一七九三～一八三七。

▼洗心洞箚記
大塩平八郎の主著。大塩の読書録の形式で書かれ、陽明学の解説がされる。

▼佐藤一斎
江戸時代中後期の儒者。林下塾塾頭、のち昌平坂学問所教官。懐徳堂で中井竹山に学ぶ。一斎の学問は朱子学を表向きとしたが陽明学に影響されていた。著書に『言志四録』などがある。一七七二～一八五九。

▼懐徳堂
大坂の町人出資による塾。四代塾頭中井竹山、その弟履軒の時最盛期を向かえる。出身者に山片蟠桃、佐藤一斎、丸川松隠などがいる。

ここで、方谷が子弟らに塾ではどのような方針で、教えていったかをいくつかの史料で見ていくことにする。

まず、塾の規則である塾規には「職業三條」として「将来の目的を定めて、これを成し遂げようとすること（立志）」、「決めたこと、決められたことを実行すること（励行）」、「学問をしっかり修めること（遊芸）」が挙げられ、方谷の教育の基本と考えられる。

また、「禁遏六條《きんあつろくじょう》」★として「努めを捨てて、学問を怠ること」「人を侮り、自分が驕ること」「不規則な生活」「きりなく出入りすること」「かくれてのみくいすること」「でたらめなことを言うこと」を禁止している。これらの取り決めは、方谷が考えている学問修養の心がけと理解できる。

嘉永五年（一八五二）、家塾牛麓舎を任せていた三島中洲が伊勢津の斎藤拙堂のもとに遊学するため、松山を離れると、牛麓舎を閉じることになった。

慶応四年（一八六八）一月、備中松山藩は明治新政府に恭順した。方谷は長瀬（現岡山県高梁市中井町西方JR伯備線方谷駅）へ引きこもり、城下に戻ることなく、ここで、長瀬塾を開いた。十六年ぶりに私塾を再開したことになる。翌年には邸宅に塾生の寄宿のために六棟の塾舎を建て、塾生を迎えたが、程なく満員になったという。

ここは、去る安政五年（一八五八）十一月、方谷が、領内の耕作地開発と領地

▼松崎慊堂
江戸時代後期の儒者。掛川藩儒官。林家塾で佐藤一斎と研鑽しあった。弟子渡辺崋山が蛮社の獄で捕らえられた時、危険を顧みず幕府に助命嘆願したことはよく知られる。一七七一～一八四四。

▼刮目のいたり
目をこすってよく見るほどであるということ。

▼禁遏六條
六カ条の禁止事項。

山田方谷家塾　牛麓舎跡

守備のため、藩士を要地に移住させる「在宅土着」を勧めた時、翌年四月、自らこれを実行して城下御前丁から移り、邸宅を構えた場所である。青山《せいざん》と清流に囲まれ、松の並木が邸宅の前に連なる穏やかな風情だったといわれている。邸宅の一角には庵を建て、「無量寿堂《むりょうじゅどう》」と名付けて普段の寝起きをそこで行い、西の対岸に見える瑞山《みずやま》（水山）では、山中を開墾し、草庵を建てて休息の場所としていた。長岡藩家老河井継之助が最初に訪れたのもこの地である。

方谷の養子山田耕蔵《こうぞう》（知足斎《ちそくさい》）の作成した「無量寿堂書生名簿」と題された長瀬塾塾生の姓名録には六三人の名前が記されているが、実際はもっと多くの塾生が学んでいたようである。

塾では『論語』、『詩経』、『春秋左氏伝』の講義がされていた。『日本外史』、『史記』、『資治通鑑』、『韓非子』、『荘子』は自習し、質問することで学び、経書、子書（諸子百家★の書）、『伝習録』などはその時々に教えられた。これらはこの後塾を開いた小阪部《おさかべ》（現新見市大佐小阪部）でも踏襲された。

明治三年（一八七〇）十月、方谷は住まいを小阪部に移し、そこで引き続き私塾を開いた。長瀬の邸宅は養子耕蔵が引き継いでいる。小阪部ではさらに塾生が増加し、記録では四〇〇人近くの名前を確認することができる。

▼諸子百家
中国戦国時代を中心に登場した数多くの思想家のこと。

山田方谷邸宅および私塾長瀬塾跡（JR伯備線方谷駅）

藩政改革

方谷は遊学後の天保七年（一八三六）十月、藩校有終館の学頭に就任し、十二年間世子板倉勝静以下藩士の教育に専念した。このことは、方谷が藩政改革の担い手を育てるという意味で、重要な足跡となった。

嘉永二年（一八四九）四月、板倉勝静が藩主の座に就き、方谷四十五歳の同年十二月、藩の元締役、吟味役兼帯を命じた。藩政改革の中心人物として抜擢したのである。方谷が藩校学頭を務めただけであったなら、恐らく地方の一学者としての名をとどめただけであったろう。ここに方谷の実学★が試されることになった。

藩政改革の詳細は別の章に譲るとして、ここでは藩政改革の理念となった方谷の小論文を紹介しておこう。方谷が三十歳代前半に記されたその論文は「理財を論ず」と題され、上下二編からなる。上編では、まず一般的な財政の現状を振り返っている。そこには現代ほどではないにしても、財政は極めて細密になったことを指摘しており、その中にあって国家の窮乏は最も酷いものになったとしている。その対策として、収入である税はわずかでも増やし、取りこぼしがないようにし、支出は役人の給料から、祭祀費用にいたるまで減少させている。にもかか

▼実学
道義を重んじ活動主義を中心に置き、経世済民のために、人間普通日用に役立つ学問。

わらず窮乏は改善しない現状に疑問を呈している。

ここで、方谷は一つの結論を出している。それは、財政の個別の問題に左右されて、事の大局を見失っているからであるという。そして、次の言葉を発するのである。

「善く天下の事を制する者は、事の外に立ちて、事の内に屈せず」（よく世の中の問題を解決する者は問題の外に立って問題の内に埋没しない）

この言葉は、方谷と親交があった塩谷宕陰《しおのやとういん》★に、不朽の名言とされた。

では、財政以外に広く目を向ける必要のあるものは何であろうか。方谷は人心の善良さ、世相の重厚さ、役人の清廉さ、人民の困窮の解消、以上民政を刷新、文武奨励、軍制改革を例示している。これらを財政逼迫の理由に考えられないことを「事の内に屈す」としているのである。

実際改革に着手する時は、金銭の収支や損得は一人か二人の者に担わせ、先に示した民政刷新、文武奨励、軍制改革を進めることによって、綱紀を正し、政令を明らかにし、国を経営する大法を整わせることで、財政の健全化を図るというものである。

下編では、「事の外に立つ」ことは、弱小の国では遠回りで役に立たないので

▼塩谷宕陰
江戸時代後期の儒者。老中水野忠邦の天保の改革の時顧問を務める。昌平黌の儒官も務める。山田方谷との交友があった。一八〇九～一八六七。

はないか、と自問する。答えとして、

「君子はその義を明らかにしてその利を計らず」（徳の高い人はその倫理道徳にかなった行いを明確にして、その利益を計算しない）

としている。この言葉は、『漢書』「董仲舒伝」で董仲舒《とうちゅうじょ》★が、仕えた江都国《こうとこく》の王劉非《りゅうひ》に語った「その義を正してその利を謀らず」をもとに書かれた言葉と思われる。

つまり、君子が財政を見るにあたり、綱紀が正され、政令を明らかにする義があれば、生死を憂うることなく自ずと財政（利）は安定する、と主張している。そして、財政手腕のみを頼みにして、人民の貧困を救おうとして数十年、国家がますます窮乏しているのはどうした訳であろうか、と問い正しているのである。ただし、ここで方谷は「利を計る」ことを否定している訳ではない。すなわち、

「利は義の和」（利益は倫理道徳にかなった行いと調和する）

と、『易経』乾卦《かんけ》★の文言伝の言葉を引用して、義と利は不可分であるとしているのである。

▼董仲舒
中国前漢時代の儒者。前漢で儒教の国教化を実現した。前一七六？～前一〇四？。

▼乾卦
『易経』に書かれた八卦の一つ。自然事象では天を表す。

このように、「理財を論ず」を読むと、方谷の藩政改革は、この論文を根本として行っていることがよくわかる。そして、この時単なる儒者であった方谷が、すでに経世済民の実学を胸の内に秘めていたことが伺える。

方谷が世子勝静の侍講であったことは、勝静が方谷の人となりをよく理解する助りとなっており、その抜擢に勝静の深い信頼があったことが想像できる。

河井継之助の来遊

安政六年（一八五九）、越後長岡藩（現新潟県長岡市）から河井継之助が来遊した。河井は方谷に古典の講釈を求めた訳ではなく、方谷そのものを自らの目で見、耳で聞いて、実学を学ぼうとした。方谷もこれに応じている。河井はこの時、方谷だけではなく、進鴻渓、三嶋中洲、林抑斎といった方谷の弟子で、藩政の担い手であった者との交流も深めており、河井には方谷の教えがより立体的に理解できたのではなかろうか。

方谷が河井との別れの時に与えた「王文成公★全集の後に書し河井生に贈る」の文章では、河井が経済に熱心で、事業の成績の事ばかりを口にしていた姿を見て、陽明学に利益のみを求めて、かえって害を招くことを危ぶんでいる。そして、この全書を読み、王陽明の道を求め、一つのことに心がとらわれず、滞ることがな

▼王文成公
王陽明のこと。文成公は死後その人の人となりに合わせて贈られる名前。おくりな。

いよう努力することを促している。「私心」を除く絶えざる努力と、「動」の中で「心」磨くことの重要性が、この有為の弟子に贈った長文にも読み取ることができる。

万延元年（一八六〇）三月、河井は方谷の邸宅があった長瀬（現ＪＲ伯備線方谷駅付近）で方谷に別れを告げた。方谷から譲り受けた王陽明の全集と酒を入れた瓢簞を振り分けにして肩に担ぎ、他に何も持たず、川を渡り、対岸に方谷が立って見送りに出ている姿を見て、何度か河岸の砂石の上に両ひざをつき、礼をして去ったという。

継之助が山田方谷から一番学んだことは何であろうか？

河井継之助の西国遊学は山田方谷から学ぶことを第一の目的としていた。きっかけは次のようなことが伝えられている。継之助の師で越後長岡藩士の高野松陰は、江戸の佐藤一斎の門人であった。継之助は松陰から「同門に山田方谷がおり、塾頭を務めていた。この時、信濃松代藩士佐久間象山も在籍していたが、それら同門の上に立ち、皆心服していた」という「信仰話」を聞かされ、方谷の存在を知ったという。そして、この時期方谷の藩政改革が結実していた事実があった。

当時、継之助は師を求めて遊歴していたが、才徳を兼ね備え、実学の人と呼べるのは山田方谷ただ一人と慕い、方谷に会うために西へ旅することを思い立った。

同年七月十六日、備中国阿賀郡西方村の長瀬の方谷の邸宅で初めて会い、翌年

旧藩御茶屋旧址（水車）河井が宿泊した．

河井継之助像

三月に辞するまで学んだとされている。

方谷に会った時、継之助は「己レ講説ヲ聴カントニハ非ズ。先生ノ事業作用ヲ学バンコトヲ冀フノミト（私は講義説明を聴こうするものではありません。先生のしごとと働きを学ぶことを懇願するだけです）」といって、一度固辞した方谷の許しを得て従学した。この言葉に継之助が一番学びたかったことが表れている。その間、河井は旅日記『塵壺』を付けているが、学んだことについての詳しい内容を記していない。

河井は、その後長岡藩の家老となり、藩政改革を断行、成功させた。方谷の元で学んだことが生かされたことはいうまでもない。

方谷と河井の関係は、遊学で終わった訳ではなく、機会を得れば面会もしていた。河井は方谷を神のごとく崇めていたという。

その河井も、慶応四年（一八六八）の戊辰戦争の最中、長岡藩を救うべく、武装中立を唱え、戦いを回避しようとしたが、新政府軍と交渉が決裂。その後奥羽越列藩同盟に参加したため長岡藩は新政府軍の征討を受けた。戦闘の回避が不可能になり、継之助は自らが育てた軍を率いて応戦した。当時日本に三門しかないとされたガトリング砲を二門保有し、この戦いで使用。一度落城した長岡城を奪還するなど善戦を見せた。しかし、善戦むなしく敗北し、会津方面に撤退中、足に受けた銃弾の怪我が悪化し戦死した。

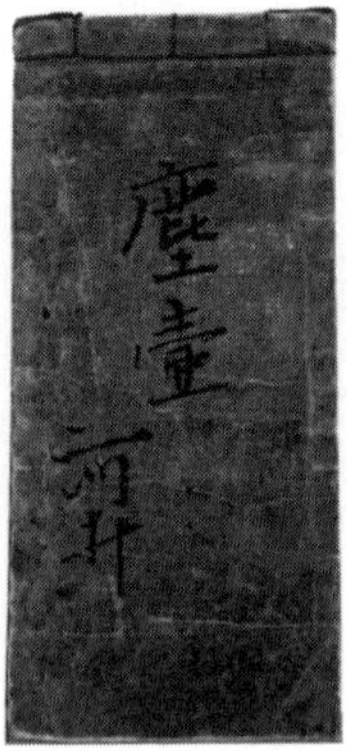
『塵壺』表紙（長岡市立中央図書館）

老中顧問

文久二年（一八六二）三月、方谷の主君板倉勝静が寺社奉行から老中に昇格した。異例の出世だったが、幕府は激動の渦中にあった。

その中で勝静が「苦心少カラズ」対応した諸問題が三項目ある。一つ目は、水戸学から生まれた尊王攘夷思想を背景に猛威を振るった京都の治安悪化への対処である。同年四月には、薩摩藩の国父島津久光が朝廷の意向を後ろ盾に軍勢を仕立てて上京し京都にとどまり、寺田屋騒動も起こるなど、政局が極めて困難となった時期であった。

二つ目は、同年八月に起こった生麦事件とそれに伴う薩英戦争への対処である。一見薩摩単独の事件に見えるが、深刻な外交問題に発展していた。事後処理に薩摩はほとんど対応せず、幕府が肩代わりする形となり、勝静はその中心人物であった。

三つ目は、孝明天皇の意向により、十四代将軍徳川家茂《いえもち》が約束した文久三年五月十日を期限とした攘夷決行に伴う事件がある。

具体的には、老中小笠原長行を中心とした江戸の幕閣が攘夷決行の至難を訴えるため、一〇〇〇余人の軍勢で上京しようとした事件（小笠原老中入京事件）である。勝静は自ら病を押して参内し、また小笠原らが駐留していた山城淀城（現京都市伏見区淀本町）に赴き、小笠原に面会して押し止め、事なきを得た。

この一連の事件に対して方谷の立場は、攘夷の決行であった。方谷の本心は、開国することで交易を広めることにあった。しかし、勝静が老中に就任した時、天皇と将軍との間で確認されたのは攘夷決行であった。方谷はこれを誠心の一定のもと国是として、貫くことを勝静に勧めた。

一見、時代遅れの見識、信念の揺らぎに見えるかもしれない。しかし、方谷はこの時点で貫かなければならないのは、偽りのない心であって、国の方向性が決まった以上、百戦千闘しても勝算を得て時世を一変させることに心血を注ぐことが大切であるとしていた。勝静の姿勢もそれに準じていた。

勝静が苦心した三つの事件も、攘夷を実行する立場から対処している。一つ目は、幕府の立場からは治安維持のための処置であって、徒に攘夷を唱えたとしても実質が伴わない暴力は現代でいうところのテロリズムであった。二つ目は、将軍以下勝静も江戸に不在の折に了解もなく江戸の幕閣が一一万ポンドを支払って幕引きを図ってしまった。そのため勝静の意に反したものであった。三つ目は、攘夷回避のための運動に対して対処したもので、勝静の決心と方谷の思想が伝わるものである。一方、江戸に残った幕閣は、個々の事件に右往左往して、場当たり的な対応しかできなかった。

また、方谷は攘夷決行に対して極めて大胆な策を持っていた。これは実行されることはなかったが、この時代の帝国主義への対処法としていたしかたのない考え方であろう。

大要は次の通りである。日本の文久年間、清《しん》(中国)はイギリス、フランスに屈服し、騒乱状態にある。そこで、幕府は三軍を編成、その構成は一軍につき外様の大藩二、三カ国をあてる。そして、左軍は南から台湾、右軍は北から朝鮮半島、中軍は山東半島の東莱辺りにそれぞれ出兵して占領させる。占領地の三割を幕府直轄地とし、七割を各大名に治めさせる、というものであった。ただし、この一、二年の間に行うこと、いたずらにに武威を振るうことなく民衆を安心させ、古代中国の風(儒教の言う理想国家か)を政令で浸透させることが条件であった。

日本も欧米列強の前で国を守らなければならず、国を守るための方策として、考え出したものである。戦争は国防を表向きの理由に引き起こされることが多い。しかし、国を失う、あるいは国を持たない民族がどれだけ辛酸を舐めるかを考えれば、真剣に向き合わなければならない課題である。幕末の欧米列強の脅威はそれほど甚大なものであった。

方谷の狙ったもう一つの効果は、攘夷決行であった。この外征を行うことで、国内の攘夷派の面々に外征の実行を促し、国是である攘夷決行にも対応し、さらに幕府軍を出陣させることなく、大藩に出陣を促すことで国内での戦いを避け、国内を安定させる狙いもあった。

この方策は、奇想天外の案に見えて、明治以降近代日本の発展は、図らずも方谷の描いた筋立てに極めて近い推移を示した。

同年十二月、将軍家茂の上洛を前にその警衛を名目として幕府は浪士組を編成。後の新選組、新徴組《しんちょうぐみ》の母体である。これは清河八郎の献策を政治総裁職松平春嶽《しゅんがく》が受け入れて実現したものであった。勝静は老中の立場で浪士掛《かかり》の頂点にあり、当時罪人であった清河の登用も勝静の許しがなければ実現しなかった。浪士組は尊攘派の集団であったことは勝静、方谷の政治姿勢と矛盾しない。

一方、国防に関しても、具体的で極めて大規模な事業に着手している。それは、「摂海防備」即ち大坂湾の海防である。将軍上洛など、政争が京都を舞台に動くに連れ、京都を外国からどのようにして守るかが焦点となった。勝静は「台場築立御用担当」老中となり、自ら摂津、和泉、紀伊、淡路島の沿岸を巡視、方谷も付き従った。

こうした情報収集をもとに、将軍家茂が孝明天皇へ差し出す上奏文《じょうそうぶん》は勝静を通して草稿作成が方谷に命じられた。その内容を見ると、実際の台場建設がこの上奏に即して行われていることがわかる。

大坂湾沿岸の台場は約一〇〇カ所あるとされ、全国の一割を占めている。幕末の京阪神は、京都が天皇の在所であり、各藩の政治活動もここで推移し、将軍もたびたび上洛した。政治動向の中心となったこの地で攘夷決行を示し、幕府の武威を表す事業として重要な役割を果たしていた。

また、方谷は安政の大獄で弾圧された者の名誉回復を行っている。春日泉庵《かすがせんあん》、藤森弘庵《ふじもりこうあん》の解放、頼三樹三郎《らいみきさぶろう》★、水戸の鵜飼吉左衛門《うかいきちざえもん》、鵜飼幸吉《うかいこうきち》父子、茅根伊予之介《かやねいよのすけ》の破壊された三基の墓石の修復、そして、吉田松陰《よしだしょういん》の遺骸返還である。

それに加え、坂下門外の変で捕らわれた大橋訥庵《おおはしとつあん》★を和宮降嫁の恩赦として赦免しているのも方谷の尽力と勝静の立場が可能にしたといえるだろう。

特に、吉田松陰については方谷はその学説も知っており、遺骸返還については松陰の弟子久坂玄瑞《くさかげんずい》が足しげく方谷のもとに通って実現したものである。

この他にも、幕府の軍制改革、財政対応、参勤交代緩和、三度の将軍上洛、長州征伐などにも献言を行っているが、方谷の言を借りれば「吾れ藩の事を論ずる者は多く行わる。しかれども天下の事を論ずるに至りては、則ち一も行われず」と慨嘆している。

▼頼三樹三郎
江戸時代後期の儒者、志士。頼山陽の三男。ペリー来航以来、攘夷論者として国事に奔走。安政の大獄で死罪。一八二五～一八五九。

▼大橋訥庵
幕末の儒者、尊攘派の志士。宇都宮藩に仕える。陽明学を排し、朱子学を奉じ過激な攘夷論を唱えた。安政の大獄時、頼三樹三郎の骸を密かに弔う。桜田門外の変後、公武合体に反対し、老中安藤信正襲撃計画に加担するがその前に捕らえられる。出獄後間もなく死去。一八一六～一八六二。

明治維新と方谷

慶応四年（一八六八）一月、戊辰戦争の最中、徳川慶喜《よしのぶ》を第一等に、陸奥会津、伊勢桑名を第二等、そして備中松山藩が第三等の朝敵として征討を受けた。藩主勝静不在の中、無血開城し、鎮撫使岡山藩に占領された。江戸時代の改易のあつかいを受けたと考えてよいと思う。

方谷は長瀬に退去し、間もなく私塾長瀬塾を始め、子弟教育に専念した。亡国の臣としてであろうか、以後城下に立ち入ることはなかった。

しかし、同年七月には、岩倉具視《いわくらともみ》★が方谷を新政府の会計局に登用する意向を人を介して伝えてきた。藩の再興がいまだ実現していない時期であり、方谷は病を理由に断っている。続いて、明治四年一月、木戸孝允《きどたかよし》が方谷を政府に登用する旨を旧備中松山藩士川田甕江《かわたおうこう》を介して伝える。この時も方谷は断っている。明治六年五月、小田県（後の岡山県）県令矢野光儀《やのみつよし》が内務省に赴いた時、内務卿大久保利通は小田県を治めるためには政務を方谷に問わなければならないと矢野を諭した。矢野は帰郷後早速小阪部の方谷の元へ来訪した。

このように、方谷の手腕は新政府でも高く評価されていることがわかるが、方谷自身は子弟教育に情熱を傾け、明治新政府に応じることはなかった。

また、維新に伴い、悲報ももたらされた。慶応四年八月、松屋吉兵衛から河井継之助の最期を知らされたのである。方谷は失望、落胆して何も語らなかった。

後日、方谷は門下にこのことについて質問した。すると、門下生は道理に従っているか、逆らっているかで継之助の評価を行った。ここで方谷は、「君たちの意見はいかがなものか。継之助の分別は実践の学である。君たちはこれを自分で

▼**岩倉具視**
江戸時代末期の公家、明治時代初期の政治家。幕末から国事に奔走し、明治維新の立役者の一人となる。また、華士族の授産、皇室財産の確立、京都皇宮保存などにも尽力する。一八二五～一八八三。

方谷山田先生遺跡碑（小阪部塾跡）

詳しく考えてみなさい」といったという。

また、継之助の死後、明治七年（一八七四）になって顕彰碑建立の話があり、撰文の依頼が方谷にあった。しかし、方谷は「河井家より蒼龍窟《そうりゅうくつ》（河井継之助の号）の碑文を頼まれし時」と題して、「碑文《いしぶみ》を書くもはづかし死に後れ」と詠んで、ついに筆をとることはなかった。後、明治二十三年になって、方谷の弟子三島中洲が、かつての継之助とのよしみによって撰文し、石碑が建立された。現在も新潟県長岡市悠久町の悠久山公園内に現存している。

明治十年六月二十六日、山田方谷は小阪部の地で没した。七十三歳であった。枕元には板倉勝静から拝領した短刀と小銃、王陽明全集が置かれていた。

方谷と閑谷精舎《しずたにせいしゃ》

閑谷学校（現岡山県備前市閑谷）は、初め閑谷学問所といわれた。明治六年（一八七三）、山田方谷が招かれた再興時には閑谷精舎、同十七年、再度開校した時には閑谷黌《こう》と呼ばれた。現在では一般に閑谷学校として知られている。

明治二年、版籍奉還が実施され、同三年九月には閉校となり岡山学校（藩校）に併合。同四年七月には廃藩置県となり、岡山藩は岡山県となった。

近代化の波は教育にもおよび、明治五年、岡山の藩校は改めて和洋兼修の「普

国宝旧閑谷学校講堂

通学校」と名称も改められた。つまり、漢学は廃されることになったのである。これにあたった当時岡山県学校督事西毅一（薇山）は、旧来の、詩作にふけり、経書の講釈に終始するのみの漢学者では、実用の人材を育てる妨げになると考えたからである。西はこの時封建時代教育の一象徴でもあった旧閑谷学校の破壊を試み、自ら馬で乗り入れているが、堅固であり、一、二棟打ち壊すのみに止どまったという。

これに対して、同じく旧岡山藩士であった岡本巍《たかし》、島村久《ひさし》、谷川達海《たつみ》らは漢学を廃するべきではないと考え、西に和・漢・洋を等しく学ぶことを訴えた。これが聞き届けられ、同年、岡山に漢学支塾（後、和学所とあわせ彰義館《しょうぎかん》となる）を開くことになった。この塾の教師はそれまで岡本らが学んだ儒者森田月瀬《げつらい》、同じく星島良介が当たり、世話役には中川横太郎★が就いた。

さらに、岡本、中川らは山田方谷を招聘し、岡山に学校を作ることを計画した。明治五年一月、中川横太郎は小阪部の方谷のもとを訪れ教師就任を依頼した。

方谷はこの申し出を一度断っている。理由はいくつか考えられるが、老齢（当時六十九歳）であること、小阪部塾を抱えていることなどが挙げられる。小阪部塾があったため閑谷に春秋の限られた期間しか出向けなかったのだ。それに加え、岡山へ赴くことに少なからず思うところがあったのではないかと考えるのである。それを示す史料がいくつかある。養子山田耕蔵宛ての書状と門人進鴻渓宛の書状

▼**中川横太郎**
明治時代の実業家、教育事業家。岡山県の医療、教育、士族授産などの事業の世話役として活躍する。一八三六～一九〇三。

中で、方谷は岡山県出資による学校であるならば、固く断る旨を伝えたことを山田耕蔵、進鴻渓それぞれの同様のことを語っている。しかし、ここで方谷は閑谷学校を再興するのであれば、応じない訳ではないことを中川に告げていた。早速、中川は岡本、谷川、島村にはかり、閑谷学校再興の実現に向けて動き出した。東京まで出向き、文部省にかけ合うとともに、同年十月には池田慶政★から資金の一部として二〇〇〇円の寄付を受けることもでき、閑谷再興は、岡山県とは切り離して、現実することを可能としたのである。

ここに、閑谷学校は再興され、「閑谷精舎」と呼ばれた。中川、岡本、谷川、島村の四名と生徒すべてがこの時和気《わけ》（現岡山県和気郡和気町）まで方谷を出迎えた。方谷は一カ月余りの間、閑谷で教えている。小阪部塾を抱え、閑谷に移住することは困難であった方谷だが、今後、毎年春秋の二回閑谷へ来ることを約束して帰郷した。また、旅費や必要経費は閑谷で都合したものの、月給、謝金を方谷は受けていない。また、小阪部塾も以後、新たな塾生を断り、二、三〇人残っている塾生はできるだけ閑谷に移し、そこで教えるようにしている。方谷の並々ならぬ意気込みが伝わってくる。

明治六年十月、約束通り、二回目の閑谷行を果たした方谷は、この時『孟子《もうし》』「公孫丑 章句《こうそんちゅうしょうく》」記された「浩然の気を養う」に関して講義を行った。いわゆる「孟子養気章★」と呼ばれているこの部分は方谷の「気の哲学」の重要な意味をも

▼池田慶政
岡山藩第八代藩主。一八二三〜一八九三。

▼孟子養気章
『孟子』に記された気（万物の根源）について の文章。気は人間からも自然に湧き出るもので、この道徳的なエネルギーを私心なく自然のまま拡大すれば正しい行いとなることを説く。

つ一文である。この時、朱子学の説とは異なる内容であることから、誤解を招くことを避けるため、『孟子《もうし》養気《ようき》章《しょう》或問《わくもん》図解《ずかい》』を著している（明治三十五年、岡本巍の手で出版される）。

また、閑谷の蔵書の中に、熊沢蕃山★著の『集義和書』が収められていた。『集義和書』は、熊沢蕃山が門人の求めに応じて、岡山藩政に生かした、自ら感得し心に受けた印象を、問いに答える形で書き記した代表的な著作物である。寛文十二年（一六七二）初版本一一冊が刊行され、三〜四年の後、大幅な改訂が行われたが、学問を志す者の心を正すことに力点が置かれていることが特徴である。方谷は『集議和書』を読み、重要な場所を抜粋し、要所に評を加え『集義和書類抄』を残した。この著作も岡本巍によって、明治三十五年に刊行された。

明治十年四月、教授不在と資金不足により、生徒は去り、ついに閑谷精舎は休校となった。それでも岡本巍は岡山に支校を置き、何とか命脈を保つこととなった。この後明治十七年七月、西毅一、中川横太郎、岡本巍らが再び復興を目指し、「閑谷黌」として再興したのであった。

かつての恩讐を越え、学問を志す有為の青年たちを導くことに心血を注いだ。そして、ここで講じられた学問は方谷哲学の到達点といえるものであった。

▼熊沢蕃山
江戸時代前期の経世家。十代で岡山藩に出仕し、一時は藩政を主導した。主著に蕃山の経世策が集約された『大学或門』や『集義和書』などがある。一六一九〜一六九一。

第五章 備中松山藩と幕末維新の動乱

藩政改革の成功をよそに、日本の幕末維新の動乱は備中松山藩を飲み込む。

熊田神社

1

幕末の動乱

藩主板倉勝静が幕政の中心で行動していたことによって、備中松山藩は、一地方藩としてではなく、日本の政治の中枢で対応を迫られることになる。

新選組と備中松山藩

文久二年（一八六二）十二月、幕府は尊王攘夷運動から端を発した浪士による治安悪化の対処として、有志の浪士を集め、浪士を懐柔統制する目的で「浪士組」を組織した。当時、板倉勝静は老中の座にあり、浪士対策に心を砕いている時期である。山田方谷はその顧問にあり、浪士懐柔の意味でも安政の大獄で罰せられた者の名誉回復を行ったのもこの時期である。

浪士組結成にあたっては、清河八郎の献策を旗本松平主税介忠敏《ちからのすけただとし》が越前福井藩主松平春嶽に同意を得て実現したものとされている。勝静は当時罪人であった清河の献策を有志の者の言として採用を許し、松平主税介に浪士取扱を命じている。新選組は、浪士組を母体として成立した京都の治安維持組織である。

文久三年二月、将軍徳川家茂が三代将軍徳川家光以来の上洛を行うにあたって、浪士組三〇〇余人はその警護役として約三〇〇〇人の軍勢とともに京都に向かった。この時、老中水野忠精《みずのただきよ》★、板倉勝静以下の幕閣も供奉した。

京都に到着した後、家茂は朝廷に攘夷決行を約束するが、滞在三カ月後江戸へ帰った。浪士組は素行の悪さや攘夷実行を画策しながら京都の尊攘浪士から疎まれたこともあり、幕府から江戸へ戻されることになった。

そして、浪士組は攘夷実行を旨としていた清河に反発する芹沢鴨、近藤勇らと分裂し、芹沢らは京都に残った。浪士組は幕府により江戸に帰投し、新たに新徴組として江戸市中の警固役として出羽庄内藩主酒井忠篤《ただあつ》預かりとなった。

一方、京都に残った芹沢、近藤以下二四人は、京都守護職で陸奥会津藩主松平容保の意向もあり、老中板倉勝静の達しによって会津藩預かりとなった。ここに新選組が生まれ、京都壬生の八木邸を中心に編成拡大されていった。文久三年時点の新選組は隊士約三〇〇人になり京都の治安組織として充実していった。

文久三年の八月十八日の政変の対処で名を揚げた新選組は、組織拡大と厳しい統制を進めていった。組織として筆頭に局長を置き、副長、助勤が続き、監査役、勘定役などが設置された。最も重要な実働部隊は一〇の組に分けられた。一番隊隊長沖田総司を始め、助勤から隊長が任命され、いずれも腕に覚えのある者ばかりで、その八番隊（後、七番隊）の隊長が備中松山藩出身の谷三十郎《たにさんじゅうろう》であった。

▼水野忠精
江戸時代末期の大名、老中水野忠邦の長男。遠江浜松藩二代藩主、出羽山形藩初代藩主。一八三二～一八八四。

谷氏は、貞享元年（一六八四）、板倉宗家四代の板倉重常《しげつね》に谷弥惣兵衛が仕えたことを初めとする。三十郎は弥惣兵衛から三代後の三治郎の長男として生まれた。三十郎は武市半平太の英名録では直心一派の剣術を学んでいる。弟に万太郎、昌武がおり、いずれも備中松山藩を離れて新選組に加盟し、谷三兄弟として知られている。この他、備中松山から竹内元太郎が参加していた。谷三兄弟の事跡は池田屋事件★、ぜんざい屋事件★など新選組の有名な事件で重要な役割を果たし、万太郎も種田流槍術で知られ、昌武は近藤勇の養子になり近藤周平を名乗った。

しかし、慶応二年（一八六六）四月、三十郎が京都祇園坂で「頓死」したことから、万太郎は新選組を離脱した。正武も近藤との養子縁組を解消され、慶応三年、鳥羽伏見の戦いで新選組が大坂へ敗走、江戸へ向かうのに同行し、江戸で脱走したと伝わる。三兄弟はいずれも大坂本伝寺（現大阪市北区兎我野町）に墓がある。

鳥羽伏見の戦い後、新選組は名称、組織を変えながら戊辰戦争に身を投じた。江戸では近藤、土方歳三らを中心に甲陽鎮撫隊《こうようちんぶたい》が編成され、慶応四年三月、甲州勝沼（現山梨県甲州市勝沼町）で戦い敗走、近藤は流山（現千葉県流山市）で恭順のため新政府軍に出頭したが捕らえられ斬首となった。

流山で近藤と別れた土方と新選組残党は宇都宮で合流した大鳥隊とともに会津に逃れた。

▼池田屋事件
元治元年（一八六四）六月五日、新選組の尊王攘夷派急襲事件。京都三条河原町の旅館池田屋に集まった約三〇人の尊攘派を近藤勇以下約三〇人の新選組隊士が、京都守護職や所司代の応援を得て突入、多くを殺傷捕縛した。京都での挙兵は未然に防がれ、新選組の名を一躍高めた。

▼ぜんざい屋事件
慶応元年一月八日、土佐勤王党による大坂城乗っ取り計画をつかんだ谷万太郎が兄三十郎ほか二人とともに潜伏場所であったぜんざい屋に突入、大坂城襲撃を未然に防いだ事件。

会津では戊申戦争でも屈指の激戦であった会津戦争が起こり、大鳥隊のもとで新選組も土方を中心に再編成された。宇都宮から合流した板倉家家臣の乙部《おとべ》剛之《ごうの》進《しん》、川村八十右衛門、小島造酒之丞、鈴木元之進、鈴木量平、高田錠之助、平木宗助、本武権平、依田織衛、渡辺敏郎は新選組に編入された。この内の三人、鈴木元之進、平木、渡辺は仙台で離脱、七人が箱館まで転戦した。これに加え、箱館で千葉栄が僧侶の身でありながら、勝静に懇願して臣下に加えてもらい新選組に編入された。

明治二年（一八六九）五月、箱館弁天台場（現北海道函館市弁天町）の戦いで乙部は戦死、川村、小島、高田、本武、依田、千葉は降伏した。鈴木量平は箱館市中の取締りにあたった。乙部は勝静の側近で、同じ写真にも収まっている。また、新選組で同じく弁天台場を守った中島《なかじま》登《のぼり》★は後に「戦友姿絵」を残し、乙部の変名武部銀次郎の名でその姿を描き残した。乙部の墓は頼久寺にある。

このように、新選組は成立から崩壊にいたるまで藩主板倉勝静や家臣たちと密接な関係があり、幕末にその足跡を残している。

乙部剛之進吉明墓（高梁頼久寺）

▼中島登
近藤勇の募集に応じた新選組隊士。主に探索方で、慶応三年十月、江戸での土方歳三の募集に応じた。箱館弁天台場の戦いまで参戦した。一八三八～一八八七。

長州征伐と備中松山藩

元治元年（一八六四）、禁門の変で京都御所に発砲したことを理由に、長州征伐の勅許が幕府に出され、西南二一藩に出兵命令が下された。この時、長州藩は確実に「朝敵」であった。備中松山藩は芸州口一番手としてこの時老中を引いていた藩主板倉勝静は自ら出兵した。

　同年十一月二日、三島中洲が陣場奉行、熊田恰が番頭、桑野亀が年寄役を務め彼らを中心に先手備五一六人が城下から出陣した。松山から松山往来を美袋（現総社市美袋）まで南下し、そこから高瀬舟に分乗、玉島港（現倉敷市玉島）に出て瀬戸内海を海路広島へ向かった。この時快風丸にホイッスル砲を一門装備した。

　翌日、勝静を中心とした旗本備《ぞなえ》、後備《うしろぞなえ》一四四二人が城下を出発した。陸路で美袋に向かい、そこから玉島往来を南下し、山陽道に出て西へ広島に向かった。同八日、先手備、旗本備、後備の三軍は広島に着陣し、勢揃えとなった。広島着陣後、本陣は妙頂寺《みょうちょうじ》、御勝手《おかって》、小荷駄《こにだ》などの後方支援部隊は善応寺に着陣、その他の隊は本覚寺に要人が着陣したのをはじめ、妙教寺《みょうきょうじ》に大筒方が分宿し、以下教伝寺《きょうでんじ》、教西寺《きょうせいじ》、善徳院《ぜんとくいん》、浄国寺《じょうこくじ》、真行寺《しんぎょうじ》、清住寺《せいじゅうじ》、真光寺《しんこうじ》、光円寺《こうえんじ》に分宿した。総勢一九五八人の軍勢であったので複数の寺院を宿所にあてたと思われる。

　「長州征伐行軍図」（香川県立ミュージアム蔵）を見ると銃は洋式、服装は和装であり、当世具足も採用されていた。板倉勝静も描かれており、騎馬で虎皮の陣羽織に三つ葉葵紋の着物姿であった。

長州征伐行軍図（香川県立ミュージアム蔵）

大砲も合計一六門用意されている。種別はカノン砲、ホイッスル砲、ドイム砲と三種あり、それぞれの射程、特性を考慮されてのことだろう。

いずれの行軍も極力領内を進むものであった。備中松山領は領域が同心円状に広がっている訳ではない。しかし、山陽道沿線を押さえるように備中松山領は設定されている。八田部村（現総社市中央など）、久代村（現総社市久代）、山田村（現総社市山田）はいずれも山陽道沿線の備中松山領であった。

その他、矢掛《やかけ》宿は南東側に猿掛城があり、山陽道の拠点であるが、同族の備中庭瀬藩板倉氏の領域であった。また、山陽道と松山往来の分岐点板倉宿（現岡山市北区吉備津）も庭瀬領である。板倉宿は備中、備前の国境であり、備中高松城にほど近い所に位置している。したがって、備中松山藩は備中国を通る山陽道も点での支配であるが、把握するように領地があてがわれていたといえるだろう。

また、勝静は領内守備を山田方谷に命じ、方谷は約一二〇〇人の農兵隊を率いて任に当たり、長瀬から城下頼久寺に入った。この時勝静から下賜された板倉家家紋九曜巴が柄の部分に蒔絵された采配が今も残る。

岡山県の諸藩では、芸州口一番手応援として勝山藩、庭瀬藩、二番手として岡山藩も出陣を命じられている。また、石州口には一番手に浜田藩、二番手に津山藩が命じられた。この第一次長州征伐は長州方の恭順により、戦闘は回避された。

長州藩は直前に四国艦隊下関砲撃事件を起こし、完膚なきまでに敗退したため

板倉勝静（中央）と家臣（左端は乙部剛之進）
（港区立郷土歴史館蔵）

尊攘急進派が衰退し保守派が台頭することで幕府に恭順した。ところがほどなくして急進派が復権、攘夷思想をあっさり捨て兵制を洋式に一新したのである。

慶応二年（一八六六）六月、第二次長州征伐の戦端が開かれた。この時勝静は老中に再任し、将軍家茂にしたがい大坂におり、出陣はなかった。

岡山県の諸藩は、芸州口二番手に津山藩、石州口二番手に浜田藩が出兵を命じられている。特に石州口は一番手の備後福山藩が洋式兵制の長州軍に敗退し、二番手浜田藩は領内に長州藩の進軍を許してしまった。長州側の指揮官は大村益次郎であった。浜田藩は城を焼き、美作国内の鶴田《たづた》（現岡山県津山市）にあった領地に退却する他なかった。その後、浜田藩は美作の鶴田藩として命脈を保ったのである。大局的にも幕府軍の敗北となり、以後急速に幕府の力は衰えていった。

倉敷浅尾騒動と備中松山藩

長州藩は第一次長州征伐の恭順により三家老の切腹で事を収めたが、直後に尊攘過激派が復権し藩政を掌握した。

慶応二年（一八六六）四月、長州藩の奇兵隊を中心とした兵制一新の過程で暴発もあった。立石孫一郎率いる第二奇兵隊約一〇〇人が周防石城山（現山口県光市）から脱走し、周防大島（現山口県大島郡周防大島町）を経て、海路備中連島（現

倉敷代官所跡

倉敷市連島）に上陸、備中倉敷代官所（現倉敷市本町倉敷アイビースクエア）を襲撃して犠牲者を出した。代官所側の死者は九人を数え、内二人は女性で、武士は一人、残りは近隣から警固を任されていた者であった。負傷者も四人の重傷者を出し、十数人が軽傷を負った。代官所の建物は炎上した。

立石は天保三年（一八三二）、播磨国佐用郡上月村（現兵庫県佐用町）の大庄屋大谷五左衛門の長男として生まれた。紆余曲折して、嘉永元年（一八四八）窪屋郡倉敷村（現倉敷市）の豪商大橋平右衛門の婿養子となり、倉敷で森田節斎★に学んだ。元治元年（一八六四）下津井屋事件★を起こし出奔した後、長州藩へ行き第二奇兵隊に入隊した。長州藩では当時いまだ藩論が倒幕にまとまっていなかったため、脱走におよんだとされている。

立石は下津井屋事件で幕府代官に反感を抱いており、倒幕の名のもと決起したと見られる。倉敷代官所襲撃の後、矛先を北へ向け備中浅尾藩陣屋へ向かった。浅尾藩藩主蒔田《まいた》広孝《ひろたか》は元治元年に創設された京都守護職配下の京都見廻役に就いており、京都見廻組を指揮していた。見廻組は相模守組と出雲守組とがあり、各約二〇〇人で編成されていた。広孝は相模守組を率いた。

京都見廻組は新選組とは違い、幕臣の組織であった。また、新選組が商家町を中心に取り締まりを行ったのに対し、見廻組は二条城や御所の周辺の武家町を担当した。その範囲は新選組の二倍におよんだという。

▼森田節斎
江戸時代後期の儒学者。奈良県五條市出身。五条、京都、江戸で学び、縁があり、倉敷で塾を開き、常に尊王の大義を唱えていた。多くの門下生が尊王の思想の影響を受けた。一八一一～一八六八。

▼下津井屋事件
元治元年立石が商人下津井屋の不正を暴き、摘発されたが、倉敷代官の交代によって下津井屋は放免となった。立石はいったん出奔する。同年暮れに下津井屋父子が浪士に殺害され、家屋に火を放った事件が起こる。立石が首魁とされるがはっきりとわからない。立石は勤王派であったことからこの後長州藩へ向かう。

立石は長州人ではなかったが、京都見廻組に対しても思うところがあったと見え、浅尾藩陣屋も襲撃した。陣屋は焼かれ、陣屋側は死者一三人、負傷者七人の犠牲者を出した。立石の中には当時老中に再任されていた板倉勝静の居城備中松山城襲撃もあったようである。そのため、立石は第二奇兵隊一〇〇余人に加え、備中で呼応する者の参集を期待したが、まったく集まらなかった。

備中松山藩は、倉敷代官所襲撃の報を受け、また勅命により松山往来本道の日羽口（現総社市日羽）に文武総督野中丈左衛門を長とする軍と、間道野山口（現岡山県加賀郡吉備中央町）に山田方谷を長とする軍とを出兵した。日羽口の野中隊は美袋に本陣を置き、三浦泰一郎を主将とした三〇〇人の兵で豪渓まで進んだ。

当初、立石の隊は井山宝福寺に駐屯し、美袋口から備中松山へ行軍するそぶりを見せた。そのため、三浦隊は急ぎ日羽へ引き返した。その機に立石隊は反転し浅尾陣屋を襲ったのである。

その後、立石隊は目的を見失い、船で高梁川下って逃走し、海上で幕府の軍艦と遭遇し、討ち払われた。長州藩でも軍紀違反として立石ら隊士を処罰した。

備中松山藩と同様勅命に応じた備前岡山藩は約二〇〇〇人を出兵しており、八田部を本陣として動静を見ていたが、逃走する立石隊を取り逃がした。これは備中松山藩も同じであった。岡山藩ではこの結果に対し、担当者に厳罰を下した一方で、松山藩では兵を失わなかったことをよしとしてとがめはなかった。

② 松山征討と高梁藩の成立

いわれなき汚名を受け未曽有の危機に陥る備中松山藩。
領民はもとの藩政を求め新政府に嘆願を繰り返す。
断絶を免れた藩は高梁藩二万石として再興、名誉回復は後のことであった。

松山征討の動向

慶応四年（一八六八）一月三日、旧幕府軍と新政府軍との間に鳥羽・伏見の戦が起こり、翌日には旧幕府軍が敗退した。この戦いをはじめとした戊辰戦争は翌年の箱館戦争まで約一年半続くことになった。

同六日夜、多くの旧幕府軍を残し、徳川慶喜は大坂城から退去し、江戸へ向かった。この時、備中松山藩主で老中首座であった板倉勝静も同行した。勝静は側近も連れておらず、老中酒井忠惇《ただあつ》、京都守護職松平容保、京都所司代松平定敬ら数人での脱出であった。翌日には新政府は京都、大坂を掌握し、慶喜追討令が出された。

備中松山藩では、同八日に備後福山藩（現広島県福山市）の石川文兵衛（関藤藤陰）が尾道（現広島県尾道市）に進んだ長州兵が福山藩に攻撃を仕掛けてきたことを知らせてきた。これに対し備中松山藩では年寄役井上権兵衛を隊長に任命し、小隊長に平野左門他二人、応接方に三島中洲、三浦泰一郎を任じ領内南西方面への防御に備えた。また、城下の人々には避難を呼びかけ、状況の探索を進め、藩の重役は御根小屋で徹夜の評議となった。

翌九日、京都、大坂で開戦の非を周旋するため諸侯に遊説の任にあたっていた吟味役神戸謙二郎から一月五日付の手紙がもたらされた。そこにはこれ以前の情報とは違い、鳥羽伏見の戦いが始まって、徳川慶喜、ひいては藩主勝静も朝敵となったことが記されていた。

藩内は驚嘆の渦に巻き込まれたが、速やかに南西への防備を解き、藩内の兵器を引き上げ、蔵に納め謹慎の体を示した。加えて翌日、外交方の進昌一郎《しんしょういちろう》、林富太郎、中村季平、渡辺義太郎らに隣藩の探索が命じられた。

同十一日、藩は井上権兵衛、進昌一郎を岡山へ派遣し、岡山藩との交渉に臨んだが、すでに新政府は備前岡山藩池田氏に対して、備中松山藩の征討を命じていた。そのため岡山藩家老伊木若狭を総督とした鎮撫使派遣が明朝に決まっていた。そのため急遽翌十二日夜半に帰藩し、評議となった。

同十三日、伊木若狭をはじめ、総勢七七五人の鎮撫使が出兵した。まず、板倉宿（現岡山市北区吉備津）、中原・真壁村（現総社市真壁、中原）に宿泊し、翌日には蒔田氏の浅尾陣屋（現総社市門田ほか）に転じた。

十三日、備中松山藩では評議の上、大石隼雄、井上権兵衛に嘆願書を預け、浅尾陣屋へ向かわせた。浅尾では、鎮撫使応接役河合源太夫が応じたが、大石、井上が提出した嘆願書を受理しなかった。

同十五日、松山領美袋村まで進んだ鎮撫使に、大石、井上に加え、元締役三島中洲、大目付横屋譲之介が使者として同行し、再度嘆願書を提出し哀訴によって、ようやく受理され、備中松山城の無血開城が受け入れられた。嘆願書には別紙目録が添えられ、備中国絵図、高附郷帳、高五万石取附帳の領地支配の根本文書、所領六二カ村、領内人数四万二二〇八人、城、寺社、城下町、武器など一切を鎮撫使に預けることになった。ただし、板倉氏の「家」に付属する財産はこれらに含まれていなかった。

この十三日から十五日にかけては、備中松山藩の存亡をかけた嘆願が繰り広げられたが、ここに一つの逸話がある。十五日の正式な嘆願書提出までに、一度却下された嘆願書は、十四日には浅尾陣屋で一度受け取られた。そこで、正式な嘆願書案文が鎮撫使から示され、これを大石、井上は持ち帰った。

この案文中に徳川慶喜はじめ、藩主勝静の朝廷に対する行動は「大逆無道」であるとされていた。確かに慶喜以下の者たちの行動は朝廷からは「反逆」とされたのは事実である。しかし、「大逆無道」とは「甚だしく人の道に背き、道理を

大久保坂から備中松山城および城下町を臨む

無視した行為」を意味し、特に、主殺し、親殺しを指す。

これを見た山田方谷は主君勝静にこのような事実は微塵もないとして、「軽挙暴動」に書き換えるよう強く訴え、訂正がかなわなければ自刃して藩主に詫びるとまで申し出た。藩の評議では、すでに鎮撫使から出された文面を変更する難しさ、一学識としての見解であるにすぎないことや一人山田の責任ではなく藩を挙げて責を負うべきではないかなど意見が分かれたが、十五日の美袋村庄屋田辺邸での大石の号泣哀訴に河合が心動かされて書き換えが許されたとのことである。

わずか四文字をめぐる出来事であったが、中国春秋時代斉国を舞台にした「崔杼弑其君（崔杼その君を弑す）」の故事を出すまでもなく、公式の文書に臣下が主君の汚名を記させる訳にはいかなかった。

同十七日、鎮撫使は美袋を出発した。備中松山までは松山往来が本道であるが、備中松山城南端は山河の間に一筋の道があるのみで大軍を動かすには不向きであった。そこで脇街道の美袋から岨谷を経由して野山に出る行程が取られた。

ちょうどその時、板倉勝静の親衛隊として大坂にあった熊田恰を隊長とする一隊が三隻の船に分乗して玉島へ上陸したとの報告が入った。鎮撫使はおさえに一部守備兵を残し、総軍は野山へ進んだが、出発が遅れたため、野山で野営することになった。本来、同日ここから大久保坂を下り備中松山城下へ進入する予定であった。

大石隼雄（如雲）墓（高梁頼久寺）

同十八日払暁、河合源太夫、久岡喜源太が先発して城下に至り、備中松山藩では郡奉行、村役人等が裃姿で脱刀して路傍で迎えた。さらに城下入り口には、進昌一郎、横屋譲之介等が礼服姿で脱刀して迎え入れた。備中松山藩士はすでに役向きを除き対岸の阿部村、近似村、北側の今津村に立ち退き、武家屋敷を引き渡す手筈は整っており、その中を進以下が先導して城門にいたり、御根小屋式台には年寄役金子外記、同桑野亀が礼服脱刀姿で出迎えた。

午後には伊木若狭をはじめ鎮撫使の軍勢が続々と城下に進軍着陣した。それとともに御根小屋書院では鎮撫使側の要人、備中松山側の年寄役以下が会い、年寄役大石隼雄が城地目録を総督伊木若狭に提出し嘆願書の主旨を述べ受け入れられた。晴れて無血開城となり、城明渡しの手続きが終わった。伊木総督は城内に残り、その他は各々陣に引き取って薄暮には滞りなく作業が終わった。

さらに、恭順謹慎の担保として、家老家の板倉千代太郎十八歳と金子外記の息子金子寛人三十二歳が人質として岡山に護送された。

松山征討遂行にあたり、一つの悲劇を記しておく。

先に無血開城が慶応四年（一八六八）一月十八日に完了したことを紹介したが、去る十七日、藩主板倉勝静の親衛隊であった熊田恰以下一五〇余人が勝静と分かれて大坂から備中国浅口郡玉島（現岡山県倉敷市玉島）へ帰着した。親衛隊は、洋式銃を装備した銃隊であった。玉島は備中松山領で瀬戸内海に面した港を持ち、

熊田恰像（前田吉彦画）（高梁市歴史美術館蔵）

備中松山藩の海の玄関口として発展した町である。

到着後、熊田は恭順し、国元備中松山で謹慎することを望んでいたものの、再び鎮撫使の緊張を招き、玉島の町は岡山藩兵に包囲される事態となった。熊田の帰藩願いは国元からも許されなかった。岡山藩は事の収拾のために、あくまで熊田の首級を要求した。ここにいたって、熊田はたまたま大坂から同行した漢学者川田甕江に自刃の時期を問い、鎮撫使に提出する嘆願書を起草させた。

二十二日、熊田は玉島の本陣にあてられていた西爽亭《さいそうてい》（柚木邸《ゆのきてい》）で自刃することとなった。君公御成の間を血で汚すことを避け、次の間に場を変え、介錯を親族の熊田大輔、介添を門人井上謙之助に命じた。遙か東方に礼拝して主君板倉勝静に別れを告げ自刃した。午前十一時頃だったという。この時、静寂が広がったが、ただ一人神戸一郎は「お手際」と叫び、その瞬間慟哭が広がったという。

この一死をもって、玉島の一件は収められ、玉島の町は戦禍から逃れた。熊田は備中松山征討にかかる家中では数少ない犠牲者となった。備中松山藩は後に年寄役から家老格を追贈して米三〇俵を贈り、岡山藩主池田茂政は熊田を賞して遺族に対して目録を添え金一五両、米二〇俵を贈った。

二十九日、隊士一三九人は備前国御野郡浜野村（現岡山市南区浜野）松寿寺に預けられた。同年二月二十日、松寿寺から松山へ移され謹慎となった。

熊田恰の生まれた熊田家は二代重宗以来板倉家に仕えた譜代の家臣であった。

西爽亭（柚木家住宅）

恰は通称であり、諱を矩芳《のりよし》という。新影流剣術の師範として仕え、「怒りは武士の恥である」として、感情に任せた行動を慎むような性格であった。武者修行の折に、伊予宇和島藩へ赴いた時、稽古で相手の竹刀が右目に刺さり失明し隻眼であった。

かつて方谷が京都に滞在した折、勝静がその身を案じて、熊田に身辺警護を命じた。藩主の気に入りとはいえ、農民出身の方谷の警護を不服に思う熊田の部下は少なくなかった。熊田は「殿様の宝を守ることは殿様自身を守ることに等しい」と部下を諭して方谷の警護にあたったという。

熊田は後に「神」として高梁では八重籬神社境内の北東部に、玉島では羽黒神社境内東部にいずれも熊田神社が建立され、祀られることとなった。墓所は高梁の道源寺（現高梁市和田町）にある。

同二十五日、備中松山無血開城、玉島事件解決のもと、本軍として備中松山追討軍が改めて発せられた。

本来、備前岡山藩主池田茂政を総大将に押し立てるべきところ所々の理由により池田政実が名代として立てられた。総勢一〇八三人の追討軍が編成され、備前国津高郡一宮村（現岡山市北区一宮）に宿陣した。同年二月一日まで滞在した後、同二日出馬し、松山へは同三日に到着した。

同五日、早くも岡山藩の追討軍は帰陣の途に就いた。本格的な陣容が整えられ

熊田神社（高梁八重籬神社境内）

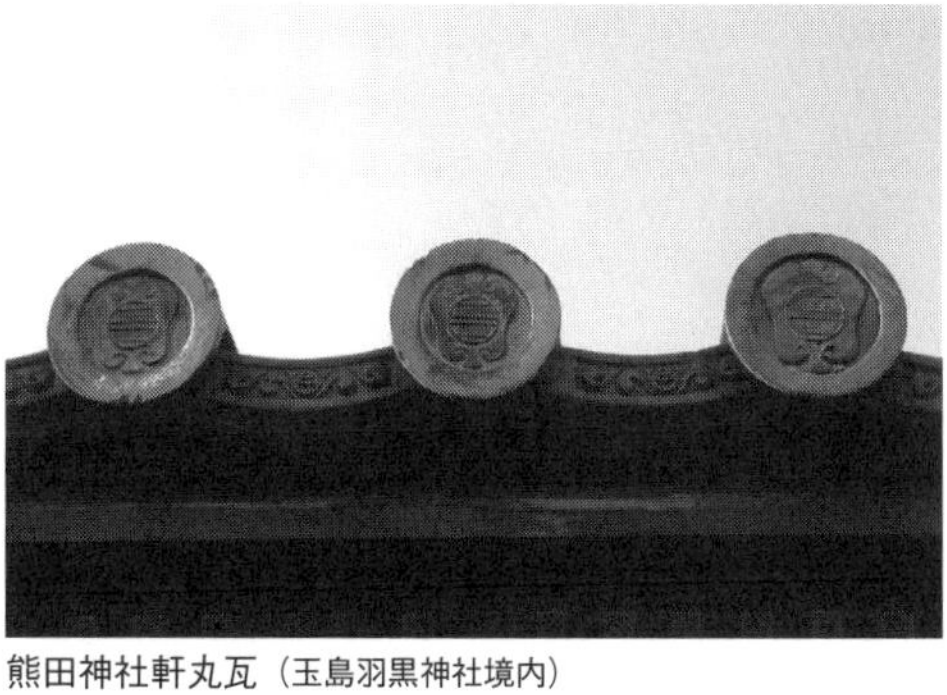

熊田神社軒丸瓦（玉島羽黒神社境内）

ていたものの、形ばかりの追討軍であった。しかし、江戸時代に行われていた改易による城請渡しでも同様のことが行われていた。

備中松山藩で例を挙げるなら、水谷氏の改易の時である。城請取りには播磨赤穂藩浅野氏が命じられたが、先発した家老大石良雄が水谷家家老鶴見良直と交渉をまとめ、その後藩主浅野内匠頭長矩が本軍を率いて備中松山に着陣した。その本軍も滞在はわずか三日間であった。

このように松山征討の城明渡しの手続きは一応終えたことになる。ここからの課題は、現在岡山藩に預けられた備中松山藩の今後の処遇であった。

同二〇日、旧備中松山領全体の三郡惣代一九五人の名で、板倉家の家名存続と本領安堵の嘆願書が岡山藩に出された。これを皮切りに翌明治二年三月十一日までの間に嘆願書が十一回提出され、その内二回は松山六カ町の総代らからの嘆願が含まれている。

その一方で慶応四年二月五日から三月十九日の間に「人民沸騰」が起こった。領内六二カ村の内、五二カ村で起こり、多くは明治新政府による年貢半減令によって、百姓が庄屋に対して年貢米や金銭の取り扱いに疑念を抱いて起こしたものであった。中には騒乱を起こさなかった村も九カ村あり褒賞が与えられている。

こうした農村部の動揺は、統治に空白期間ができたことも大きいと考えられる。それまで安定していた機構も急激に機能を失えば不信が起こることは否めない。

機構の矛盾が「沸騰」という形で噴出したと考えることもできるが、国が失われた時、著しく民心が動揺することは日本人は身をもって知っているはずである。

実際、占領者であった岡山藩に対して、助郷を加重に命じたり、城下町で狼藉があったりとその都度訴えがあったことも事実である。また、城下で賭博が横行するなど治安の悪化もそうした動揺に拍車をかけている。

藩主板倉勝静父子の動向

慶応四年（一八六八）四月、それまで不明であった板倉勝静《かつきよ》、嫡男万之進（勝《かつ》全《なる》）の動向が風聞として備中松山へ伝わるようになった。実際、勝静父子と江戸詰の藩士たちは、同年三月九日、周旋方など一八人を残し、七〇余人の主従は江戸藩邸から退去し、日光山南照院（現栃木県日光市山内）へ向かい、そこで謹慎していた。嫡子万之進は一時同族の上野安中藩へ身を寄せる予定であったが、拒絶され勝静らと同行することになった。

同年四月四日（正式には十一日）、江戸城が無血開城となったものの、関東域では騒乱が続いた。謹慎していた備中松山主従のもとへも同八日に新政府軍の一隊が差し向けられた。緊迫の中、勝静の意向で降伏し、同十日には勝静以下八人の者が下野宇都宮藩主戸田忠友の家老県《あがた》勇記《ゆうき》に預けられ宇都宮城下英巌寺に幽閉された。残った五一人の藩士は宇都宮の隣、下野壬生《みぶ》藩主鳥居忠宝《ただとみ》に預けられた。

同十九日、大鳥圭介が率いる伝習隊を中心に編成された旧幕府軍は、新政府軍の手にあった宇都宮城を攻撃し陥落させた。この時勝静父子以下側近は救出された。同二十三日、宇都宮城は逆に新政府軍の攻撃を受け、旧幕府軍は日光山に退却、さらに陸奥会津へ移動することになった。勝静父子と側近は旧幕府軍と行動を共にした。この時備中松山では勝静父子が行方不明と伝わったのである。

同年五月に入り、板倉父子は先の四月十九日の宇都宮城の戦いで新政府軍に打ち捨てられたとの情報が備中松山に伝わったが、いまだ安否は不明であった。同七月頃には勝静父子が仙台、あるいは同族の陸奥福島藩に向かったという情報が伝わり、奥州へ探索のため藩士を二、三人派遣したいとの嘆願を岡山藩に提出した。これが公式に許されたのは、同年九月に入ってのことであった。また、同年八月五日、日光山で勝静父子と別れ壬生藩に預けられていた江戸詰の藩士五一人が紀州藩、鳥取藩の預かりを経て松山へ帰還した。

勝静父子探索と同時に行われたのが、板倉家再興運動である。勝静父子が罪を問われ行方知れずであったため、備中松山藩主四代板倉勝政四男勝喬《かつたか》の長男栄二郎を立て板倉家再興を試みた。栄二郎は勝静たちが日光山に蟄居《ちっきょ》した時、江戸藩邸に残り、小梅村常泉寺《こうめむらじょうせんじ》（現東京都墨田区向島）に父勝喬とともに退去していたが、同年八月十一日に栄二郎を川田甕江が備中松山へ連れ戻し、再興運動を展開した。

日光東照宮（PhotoAC）

同十二日、正式な御家再興の嘆願書が初めて岡山藩に提出された。同年九月二十七日にはようやく勝静父子の行方探索が許され、井上学之進（権兵衛）、田那村佐平次、進昌一郎が派遣された。しかし、同十月に入ってまたしても勝静父子の足取りを見失うことになった。

同年十月四日、備中松山藩所有の洋式帆船快風丸がいまだ玉島港に係留されているかどうか、新政府の兵庫軍務官から備後福山藩を通じて問い合わせがあり、同年七月には朝廷へ差し出すはずであったが、いまだ係留されている旨を岡山藩を通じて回答した。同年十月二四日、改めて兵庫港へ回送が命じられた。

この月、従来通り収穫の時期となった。旧備中松山藩士は城外退去となっていたが年貢収納は昨年同様旧藩士に担当させ、各村の郷倉、城内の米蔵に収め、扶持の分配は岡山藩で行うことになっていた。

同年十一月十三日、備中松山城開城の時、人質として岡山に送られていた板倉千代太郎、金子寛人の二人が備中松山へ帰還した。板倉家中の謹慎中に問題がなかったことに加え、長い幽閉期間を経て両名が病身であったことも理由である。

この時生活基盤を失った旧備中松山藩士達は、限られた状況の中で岡山藩を通じて新政府に行う正式な嘆願と同時に、旧藩独自の運動も展開していった。その協議には城下内山下（現高梁市御前町）にあった三島中洲の邸宅（虎口渓舎《ここうけいしゃ》）が使用された。資金は撫育方に残された約四万両の積金があてられた。明治二年（一

三島中洲先生住宅及び虎口渓舎旧址

八六九）一月十日、人質として岡山で幽閉され、病身のまま備中松山でも謹慎していた板倉千代太郎が死去した。先の熊田恰とともに松山征討における犠牲者といってよいだろう。

同年三月一日、ついに勝静嫡子万之進の所在が公式に明らかになった。昨年十一月には情報がもたらされていたが、万之進は斎藤斉ら四人の藩士とともに行動しており、宇都宮城の戦いの後、会津、仙台へと転じ、仙台で父勝静と別れていた。万之進は仙台から江戸へ戻り、明治二年二月二十四日、捕らわれていた宇都宮藩邸に自訴したのである。一方勝静の所在も明らかになっており、箱館に転じていたことが知られていた。勝静も宇都宮城の戦いから会津、仙台へと転じ、旧幕府軍と共に箱館へ渡っていたのである。この時点ではもはや旧幕府軍も榎本武揚を中心として組織が成り立っており、勝静や大名として同じく転じた伊勢桑名藩主で京都所司代松平定敬、老中小笠原長行には影響力がほとんどなかった。

備中松山では、勝静を連れ戻すため、明治元年十二月二十一日、年寄役西郷熊三郎、藩士平野左門、森岡武衛門、原嘉平次が派遣された。明治二年一月十一日、箱館に到着し、当地谷地頭（現北海道函館市谷地頭）で勝静と面会した。

西郷らは勝静の自訴、あるいはシベリア、清やヨーロッパへの亡命などの選択肢があり、箱館、東京、備中松山を往来した。面会から三カ月を経た同年四月二十三日、勝静は外国船に乗り込み、陸前勝美浦沖で和船積立丸に乗り換え、同年

五稜郭跡

五月二十六日、駒込吉祥寺に帰着した。箱館を離れてからひと月余り、上京していた大石隼雄をはじめ西郷、平野他二〇人ほどの旧備中松山藩士たちとの間で先の選択肢の検討がなされたが、同日、宇都宮藩邸へ自訴状を提出した。同日付で勝静は上野安中藩主板倉勝殷のもとへ身柄を預けられた。明治二年六月、勝静の自訴の後、旧備中松山藩から勤王の実効を目的として新政府軍に参加の嘆願が提出されたが、正式に許しが出なかった。同月、旧藩士の志願者二二人が藩地を無断で離れて参加しようとしたが、箱館戦争で一連の戦争が終結していたため実行するにはいたらなかった。

同年八月十七日、勝静父子と旧藩の処遇が太政官から御達書《おたっしがき》が発給された。勝静父子は上野安中藩に永預けとし、旧藩は板倉家血縁の者に相続を許すというものであった。備中松山にその報が安中藩からもたらされたのは同年九月十二日である。

同年九月十六日、備中松山城御根小屋丸龍之間で城地引き渡しの手続きが行われた。岡山藩からは一二人、旧備中松山藩からは桑野亀、井上権兵衛、田那村勘兵衛、進昌一郎、三浦泰一郎が出席し、国絵図などの公文書の返還が行われた。翌日、金子外記、井上権兵衛、加賀山程蔵、三浦泰一郎、神戸一郎の立ち合いのもと、城地、倉庫等残らず引き渡された。ここに松山征討が終わりを告げ、慶応四年一月十八日から一年八カ月にわたって続いた占領が終焉した。

同年九月十八日から二十日の間に鎮撫使は諸役人、兵隊とも撤収した。この征討で動員されたのは、延べ二八万三三六〇人、費用は玄米八〇九六俵、大豆二六六俵であった。費用は明治二年の収納分から岡山藩へ引き渡された。

高梁藩の成立

先に、松山征討の顚末を見てきたが、板倉家再興は次の通りである。明治二年（一八六九）八月十七日、板倉勝静、万之進父子の上野安中藩へ永預けが申し渡された。同時に板倉家は血縁の者に相続が許され、松山藩二万石支配が申し付けられた。それに加え、勝静の反逆を助けた謀臣を調査し報告することが命じられた。

これで、勝静父子の処遇、家名再興、領地安堵の諸問題に一応目途が立った。しかし、助逆の謀臣の責任は評議の上、万之進の側近であった高田亘一人に負わせることになった。高田は万之進が自訴して間もなく死去した者で、生存者の中から犠牲を出さないための苦肉の策であった。このために高田家は家名断絶となった。

同年九月、板倉家相続が勝静と遠縁の板倉栄二郎（勝弼）に許され、同十七日、備中松山城以下の引き渡しが完了したのであった。

同年十月、板倉勝弼は、宮中参内を目的として上京した。この頃、旧藩の松山

右から熊田恰、板倉勝静、大石隼雄の顕彰碑
（高梁八重籬神社境内）

の称号について、王政維新の改革に差し支えがあるということで改称せよとの太政官からの達しがあった。松山側から松山の古名である「高梁」と松山南方の高倉山からとった「高倉」の二案が提出されたが、「高梁」へ改称との回答があり、備中松山藩は高梁藩となった。

同年十一月二日、勝弼は高梁藩の藩知事に任じられ、上房郡、賀陽郡、川上郡、下道郡の内二六カ村二万石を治めることになった。それを受け、藩内の人事が行われ、公選で大参事に家老格大石隼雄、権大参事に年寄役井上権兵衛、同西郷熊三郎が選ばれた。

明治四年二月二十一日、藩知事勝弼が東京移住が政府より命じられ、三月東京へ向かった。ここに藩政時代は終焉した。

同年三月十五日、板倉勝静父子の身柄は、安中藩から勝弼の邸宅に禁固に移された。同年十月十日、万之進（勝全《かつなる》）の禁固が解かれ、明治五年一月、板倉勝静の禁固も解かれて東京で生活することになった。

これも備中松山

三島中洲と二松學舍

三島中洲は方谷の弟子の中でも特に明治政府の中で活躍し、漢学の泰斗となった人物である。幕末の備中松山に深くかかわり、幕末維新双方を深く体験した稀有の存在である。近年、二松學舍大学、倉敷市の顕彰活動が盛んになっていることも注目されている。

三島中洲

二松學舍は、師山田方谷の死後、明治十年十月十日、当時の洋学偏重の学問界を憂慮し、中洲が自宅のある現在の東京都千代田区三番町に開いた漢学塾である。昭和三年（一九二八）までは漢学専門の塾として運営された。

ここで学んだ者には、文豪夏目漱石、柔道の祖加納治五郎、第二十九代内閣総理大臣犬養《いぬかい》毅《つよし》、女性解放運動の祖平塚雷鳥《らいてう》らがいる。

運営では舎長に三代渋沢栄一、戦後昭和三十六年四月には元総理大臣吉田茂が学校法人二松學舍舎長を務めていた。

昭和三年に漢学塾から二松學舍専門学校が開設、初代校長には山田方谷の義孫山田準が就任した。戦後昭和二十四年に大学へ移行し、現在も発展を続けている。

創立者の三島中洲は、幕末・明治時代の漢学者、備中松山藩士。名は毅。字は遠叔。通称は貞一郎。号は桐南、中洲、絵荘。備中国窪屋郡中島村（現倉敷市中島）出身。天保元年（一八三〇）十二月九日、庄屋の三島正昱、柳の次男として生まれた。

八歳で父を失い、十四歳で山田方谷に従学した。二十三歳で伊勢の津に出て斎藤拙堂に師事し、安政六年（一八五八）、備中松山藩に仕え、翌年二十九歳で江戸に遊学し、昌平黌《しょうへいこう》で佐藤一斎、安積艮斎《あさかごんさい》に学んだ。三十歳で藩校有終館学頭なっている。

文久元年（一八六一）、吟味格となり、小高下（現高梁市小高下町）に邸宅を賜り、私塾虎口《ここう》渓舎を開き、藩政にも尽力し、藩主板倉勝静が老中となると顧問となる。虎口渓舎は松山征討時、備中松山藩の命運を左右する評議の場であった。

維新後、四十三歳の時、明治政府に応じて司法官となり、明治十年（一八七七）には方谷の死後、二松學舍を設立し漢学の振興に努めた。

東京帝国大学教授、東宮侍講、宮中顧問官など歴任し、重野成斎、川田甕江とともに明治の三大文宗といわれ、数多くの漢詩、著作を残した。

また、師・山田方谷をはじめ、板倉勝静、河井継之助、川田甕江、木戸孝允などを顕彰する石碑の撰文や二八〇〇首の漢詩も多く手がけている。

新島襄と備中松山

新島襄《にいじまじょう》は上野安中藩士、キリスト教牧師、教育家で同志社の創立者。幼名は七五三太《しめた》、諱は敬幹。アメリカではジョセフ ハーディー ニイシマと称した。「襄」はジョセフの略称ジョー。

若くして幕府の軍艦操錬所に通い、洋学を学ぶほか、備中松山藩士川田甕江に江戸で漢学を学んだ。

新島襄先生玉島港上陸の地

高梁基督教会堂

新島襄海外渡航乗船之処

文久二年（一八六二）十一月、新島は備中松山藩の洋式帆船快風丸に乗船を許され、航海に出た。航海日誌には玉島港の様子や、備中松山藩士と見られる人々の動きなども断片的につづられている。

元治元年（一八六四）三月には、再び快風丸に乗船し、江戸から箱館、サハリンまでの航海に臨んだが、深く帰するところがあり、同年六月、福士卯之吉と備中松山藩士塩田虎尾ら助力によって、箱館沖合に停泊中のロシア船「ベルリン号」に乗り込み、密出国に成功した。この後、中国上海に向かいここでアメリカ船「ワイルドローバー号」に乗り換え、太平洋、パナマ運河を経由してアメリカ・ボストンに渡った。

アメリカで洗礼を受け、ボストンのアーモスト大学で日本人として初めて学士号（理学士）を取得した。マウント＝バーノン教会で牧師となりアメリカン＝ボードの日本伝道の任命書を受けた。

明治七年（一八七四）に帰国、キリスト教の伝道とキリスト教主義に基づく自由教育を掲げ同志社大学設立に奔走が志半ばで神奈川県大磯で死去した。

高梁には二度（明治十三年、明治十六年）伝道に訪れ、高梁キリスト教会の発展に大きな足跡を残した。

この時、快風丸の乗員加納格太郎宅や旧友原田亀太郎（勤王の志士、天誅（忠）組隊士）の父煙草屋市十郎宅にも来ている。

なお、明治十三年には二月に岡山、高梁、十月に岡山を訪れるが、十月は妻・八重とともに岡山を訪問している。

エピローグ

備中松山藩の終焉

備中松山藩の立藩は、元和三年（一六一七）二月因幡鳥取から池田長幸が入封したことから始まる。それから明治四年（一八七二）の廃藩置県までの二百五十六年間備中松山藩が続いたことになる。

その間、藩主は池田氏、水谷氏、安藤氏、石川氏、板倉氏と絶家による藩主交代や転封によって藩主が移り変わった。

しかし、備中国は一円支配がされなかった。備中松山藩を筆頭に小藩が乱立した。他国の飛び地も少なくない。外様の大藩のように、その広域に藩風が根付くといった伝統が継承されることは難しかった。大藩間の緩衝の地の意味合いもあり、中央権力に翻弄されていたかに見える。

しかし、幕末に登場した山田方谷は備中国の人々を次のように表現した。

人の備中を問うに対《こた》う　　ある人の備中への問いに答える
吾《わ》が州の風土本《もと》より雄豪　　備中国の風土は元々雄豪である

鉄気山に籠《こも》りて山勢高し　　鉄の力強い気が山に満ち盛んである
更に人心の剛なる鉄に似たる有り　　加えて備中人の剛毅は鉄に似ている
練磨一たび就《な》れば刀よりも利《り》なり　　練磨が成れば刀よりも鋭い

藩の存在とは別に確かに備中国には人々に伝えられた伝統はあったのである。そして、この中心の多さは、登場する優れた人材を多種多様な形で排出することになったのである。

また、備中松山藩は敗者の国である。これは皮肉にも室町時代の備中松山城争奪の時からいえることである。実は備中松山城は難攻ではあるが不落ではない。必落の城である。しかし、逆境に鍛えられることによって備中の人々は力強く生き抜くことができる人々である。

明治時代以降、朝敵となり、恭順し名誉回復を為したとはいえ、旧備中松山藩士は、明治政府の中で活躍した者、節を通して隠棲した者、民間で活躍した者、様々な生き方を受け入れた。多くの転封を繰り返した板倉氏の家臣たちは本貫の地が備中ではなく他国の者が多く備中松山の地を離れたものが多かった。

現在、高梁市には旧備中松山藩士の子孫、あるいは藩の経済を支えた商人の子孫は極めて少ない。そう考えれば前代の遺風は残らないと考えがちである。

しかし、江戸時代百二十七年間備中松山藩を治めた板倉氏の残したもの、特に幕末最後の輝きともいえる板倉勝静と山田方谷を中心にした人々が残した偉業は、練磨された備中人に現在も生き続けている。

あとがき

私が初めて高梁を訪れたのは中学二年生の時だった。日本史好きだった私は、御多分に漏れず、戦国時代に思いを馳せ、城や甲冑といったものに興味を持った。それは今も尽きることはない。

私の家は転勤族ではあったが、先祖は兵庫県姫路市にルーツを持ち、期せずして中学一年生の時、姫路に半年ほどであったが住むことがあった。そこで生まれて初めて登城したのが姫路城だった。

そして、二番目に登城したのが現在の岡山県高梁市にある備中松山城だった。その時、同じ城でもこれほど落差があるものかと驚いたことを覚えている。当時の備中松山城は石垣は今と変わらぬ姿をしていたが、小ぶりな土塀の一部、小ぶりな天守、そしてさらに小ぶりな二重櫓が残るのみの城で、城自体の印象より、姫路城との比較の印象しか残らなかった。登城する順番を間違えたとも思った。今思うと稚拙さに赤面する。

それから月日が経ち、ご縁があって高梁市で働くことになった。平成九年（一九九七）四月二十七日、高梁市歴史美術館が開館し、私はそこで学芸員として勤め始めた。中学生当時からすれば思いもよらないことだった。

しかし、私にとってここでの経験や出会いは決して忘れられないものになった。岡山県西部の狭い中山間地域にあって、これほど豊かで誇りに思える歴史的な遺産が存在することを教えてくれたからである。これは、私の視野を想像以上に広げてくれた。どこの国、どこの地方にでも必ず歴史の営みがあり、誇りとなるものが存在することを意識させてくれるようになったのである。これは個々人に対しても同じである。

正直言って山田方谷の名前も知らずに高梁市に勤めたが、今では高梁で過ごした時間が私の人生の中で最も長い時間を占めている。母方のルーツが高梁にあることを知ることができたほどの時間を過ごすことになった。

今回ご依頼いただいた「藩物語」シリーズは、高校生ぐらいの年齢層にも手に取ってもらい、自分の住む地域を誇れるような内容を取り上げること、また長い歴史の中でも江戸時代の「藩」を軸に歴史物語を紡ぐことが求められた。

それを土台として、つたないながら高梁の歴史を編むことができたことはこの上ない喜びである。

本書の出版にあたり、ご協力いただいた関係機関や多くの皆様、そして、編集の労を取っていただいた加唐亜紀氏、とりわけ非常識な期間お待たせしたにもかかわらず快く受け入れてくださった現代書館菊地泰博社長に深く感謝申し上げたい。

令和六年（二〇二四）四月　自宅にて

加古一朗

主な参考文献（順不同）

自治体史

高梁市史編纂委員会編『高梁市史』（高梁市　一九七九）

岡山県史編纂委員会編『岡山県史』第九巻　近世四（岡山県　一九八九）、第26巻　諸藩文書（岡山県　一九八三）、第27巻　近世編纂物（岡山県　一九八一）

成羽町史編纂委員会編『成羽町史』通史編（成羽町　一九九六）、史料編（成羽町　一九九四）、民俗編（成羽町　一九九一）

総社市史編さん委員会編『総社市史』通史編（総社市　一九九八）

倉敷市史研究会編『新修倉敷市史』四近世下（山陽新聞社　二〇〇三）

史料

『寛政重修諸家譜』（続群書類従完成会　一九六四～一九六七）

山田準編『山田方谷全集』第一～三冊（明徳出版株式会社　一九九六復刻）

国分胤之編『魚水実録』上下巻（高梁方谷会　二〇一六復刻）

国分胤之著『昔夢一斑』（高梁市郷土資料刊行会　一九九一復刻）

大内兵衛　土屋喬雄共編『明治前期　財政経済史料集成』第九巻藩債処分録、藩債輯録、旧藩外国補遺処文録（明治文献資料刊行会　一九六三）

河井継之助著安藤英男校注『塵壺』（平凡社　一九七八）

事典

國史大辞典編集委員会編『國史大辞典』（吉川弘文館　一九七九～一九九七）

小学館国語辞典編集部編『日本国語大辞典』第二版（小学館　二〇〇〇～二〇〇二）

諸橋轍次著『大漢和辞典』縮写版（大修館書店　一九五五～一九六〇）

『日本歴史地名大系34　岡山県の地名』（平凡社　一九八八）

岡山県歴史人物事典編纂委員会編『岡山県歴史人物事典』（山陽新聞社　一九九四）

朝日新聞社編『朝日日本歴史人物事典』（朝日新聞社　一九九四）

古賀茂作　鈴木亨編著『新撰組全隊士録』（講談社　二〇〇三）

書籍

朝森要著『幕末の閣老板倉勝静』（福武書店　一九七五）

角田直一『倉敷浅尾騒動記』（山陽新聞社　一九八二）

人見彰彦著『備中国奉行小堀遠州』（山陽新聞社　一九八六）

米原正義著『山中鹿介のすべて』（新人物往来社　一九八九）

光岡てつま　神崎宜武著『備中神楽』（山陽新聞社　一九九七）

戸川芳郎編『三島中洲の学芸とその生涯』（雄山閣出版　一九九九）

宮原信『山田方谷の詩－その全訳』（明徳出版社　一九九九）

浜久雄『山田方谷の文』（明徳出版社　一九九九）

太田浩司著『テクノクラート小堀遠州』（サンライズ出版　二〇〇二）

二松學舎小史編集委員会編『明治10年からの大学ノート　二松學舎130年のあゆみ』（三五館　二〇〇七）

太田健一監修『図説新見・高梁・真庭の歴史』（郷土出版社　二〇〇八）

新人物往来社編『「朝敵」たちの幕末維新』（新人物往来社　二〇一二）

藤岡大拙著『山中鹿介』（ハーベスト出版　二〇一七）

西松宏著『猫城主さんじゅーろー』（ハート出版二〇二〇）

展覧会等図録

学校法人同志社編『新島襄その時代と生涯』（学校法人同志社　一九九七）

高梁市歴史美術館編『元禄の備中松山』（高梁市教育委員会　一九九九）

高梁市歴史美術館編『徳川三代を支えた板倉家』（高梁市教育委員会　二〇〇〇）

高梁市歴史美術館編『高梁市歴史美術館コレクション選』（高梁市教育委員会　二〇〇二）

高梁市歴史美術館編『石川総慶とその時代』（高梁市教育委員会　二〇〇六）

高梁市歴史美術館編『山田方谷の世界　高梁市歴史美術館収蔵品から』（高梁市教育委員会　二〇〇六）

高梁市歴史美術館編『新島襄と高梁の近代』（高梁市教育委員会　二〇〇七）

岡山県立博物館編『平成26年度特別展山田方谷』（岡山県立博物館　二〇一四）

神戸市立博物館編『和田岬砲台史跡指定一〇〇年記念　大阪湾の防備と台場展』（神戸市立博物館　二〇二一）

報告書等

東京芸術大学前野研究室編『高梁市伝統的建造物保存対策調査事業報告書』（高梁市教育委員会　一九九三）

高梁市教育委員会編『史跡備中松山城保存管理計画書』（高梁市教育委員会　一九九四）

名勝頼久寺庭園整備委員会　頼久寺編『名勝頼久寺庭園保存整備等指針報告書』（二〇〇六）

『高梁市歴史的風致維持向上計画』（高梁市　二〇一一）

他多数

加古一朗（かこ・いちろう）
昭和四十五年（一九七〇）、北海道千歳市生まれ。岡山大学文学部史学科卒。
元高梁市歴史美術館主任学芸員。平成六年（一九九四）四月、高梁市教育委員会に勤務。平成九年四月より高梁市歴史美術館学芸員として勤務し、展覧会事業などに従事。共著に『「朝敵」たちの幕末維新』新人物往来社、山田方谷に学ぶ会編『入門山田方谷』明徳出版社、太田健一編『図説高梁・新見・真庭の歴史』郷土出版社など。

シリーズ藩《はん》物《もの》語《がたり》 **備中《びっちゅう》松山《まつやま》藩《はん》**

二〇二四年四月三十日 第一版第一刷発行

著者——加古一朗
発行者——菊地泰博
発行所——株式会社 現代書館
東京都千代田区飯田橋三―二―五 郵便番号 102―0072 http://www.gendaishokan.co.jp/
電話 03―3221―1321 FAX 03―3262―5906 振替 00120―3―83725
組版——デザイン・編集室 エディット
装丁・基本デザイン——伊藤滋章（基本デザイン・中山銀士）
印刷——平河工業社（本文）東光印刷所（カバー・表紙・見返し・帯）
製本——鶴亀製本
編集——加唐亜紀
編集協力——黒澤 務
校正協力——高梨恵一

 ISBN978-4-7684-7165-4

協力者（順不同）——

高梁頼久寺
国立公文書館デジタルアーカイブ
高梁市歴史美術館
亀山市歴史博物館
西尾長圓寺
西尾市教育委員会
刈谷松雲院
刈谷市教育委員会
板倉温故会
福島市ふれあい歴史館
清山神社
岡山県立博物館
東京大学教養部図書館
高梁方谷会
長岡市立中央図書館
香川県立ミュージアム
高梁観光協会
西尾市教育委員会 文化財課 市史編さん室
山田 敦
安藤国枝

江戸末期の各藩

松前、**八戸**、七戸、黒石、**弘前**、**盛岡**、**一関**、**秋田**、亀田、本荘、秋田新田、仙台、松山、**新庄**、**庄内**、天童、長瀞、**山形**、上山、**米沢**、米沢新田、相馬、福島、**二本松**、**三春**、**会津**、**守山**、棚倉、平、湯長谷、泉、**村上**、黒川、三日市、**新発田**、村松、三根山、与板、**長岡**、椎谷、**高田**、糸魚川、松岡、笠間、宍戸、**水戸**、下館、結城、**古河**、下妻、府中、土浦、麻生、谷田部、牛久、大田原、黒羽、烏山、喜連川、**宇都宮・高徳**、**壬生**、吹上、**足利**、佐野、関宿、高岡、佐倉、小見川、多古、一宮、**生実**、鶴牧、久留里、大多喜、請西、飯野、佐貫、勝山、館山、岩槻、忍、岡部、**川越**、沼田、前橋、**伊勢崎**、館林、高崎、吉井、小幡、安中、七日市、飯山、須坂、**松代**、**上田**、**小諸**、岩村田、田野口、**松本**、諏訪、**高遠**、飯田、金沢、荻野山中、**小田原**、**沼津**、小島、田中、掛川、**相良**、横須賀、浜松、富山、加賀、**大聖寺**、郡上、高富、苗木、岩村、加納、大垣、高須、今尾、犬山、挙母、**岡崎**、西大平、西尾、**三河吉田**、**田原**、大垣新田、尾張、**刈谷**、西端、長島、**桑名**、神戸、菰野、亀山、津、久居、鳥羽、宮川、彦根、大溝、山上、西大路、三上、膳所、水口、丸岡、勝山、大野、**福井**、鯖江、**敦賀**、小浜、**淀**、新宮、田辺、紀州、峯山、宮津、田辺、綾部、山家、園部、亀山、福知山、柳生、柳本、芝村、郡山、小泉、櫛羅、**高取**、高槻、麻田、丹南、狭山、岸和田、伯太、豊岡、出石、柏原、篠山、尼崎、三田、三草、明石、小野、姫路、林田、安志、龍野、山崎、三日月、赤穂、鳥取、若桜、鹿野、**津山**、勝山、新見、岡山、庭瀬、足守、**岡田**、岡山新田、浅尾、**備中松山**、**鴨方**、**福山**、**広島**、広島新田、高松、丸亀、多度津、西条、小松、今治、松山、**大洲・新谷**、**伊予吉田**、**宇和島**、徳島、**土佐**、土佐新田、**松江**、広瀬、母里、浜田、津和野、岩国、徳山、長州、長府、清末、小倉、小倉新田、**福岡**、**秋月**、**久留米**、柳河、**三池**、蓮池、唐津、**佐賀**、**小城**、鹿島、大村、島原、平戸、平戸新田、**中津**、杵築、日出、**府内**、臼杵、**佐伯**、森、**岡**、熊本、熊本新田、宇土、人吉、延岡、高鍋、佐土原、飫肥、薩摩、対馬、五島（各藩名は版籍奉還時を基準とし、藩主家名ではなく、地名で統一した）　**★太字は既刊**

シリーズ藩物語・別巻『白河藩』（植村美洋著、一六〇〇円＋税）

シリーズ藩物語・別冊『それぞれの戊辰戦争』（佐藤竜一著、一六〇〇円＋税）